Personal Safety for Social Workers

ポーリン・ビビー 著

清水 隆則 監訳

攻撃的な
クライエントへの対応
対人援助職の安全対策ガイド

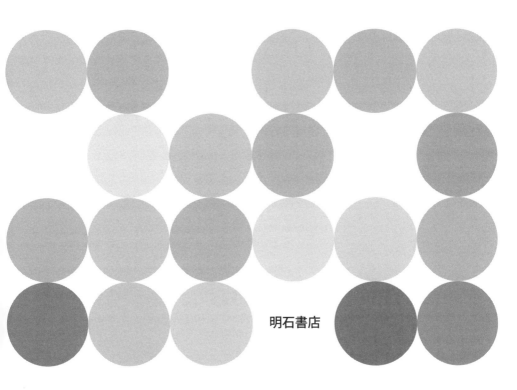

明石書店

緒　言

　ここ数年間、われわれにとってThe Suzy Lamplugh信託団体での出来事は、輝きの連続であった。それはただひとつのこと、ある団地機関の調停員として勤務していた職場で私の娘が亡くなって7年目になることに関わっている。彼女は殺されたわけであるが、この7年が経過するまで、死んだと宣言するわけにはいかなかった。

　驚くべきことにこの冷酷なことでしかない出来事は、ひとつの分水嶺となったように思う。家族として、もちろんその悲劇によって気落ちはするものの（もはや落ち込むことはなく）今は娘のことを喜びをもって思い出すというすがすがしさを感じているのである。信託団体（trust）として、私たちは進歩を味わい、世間の人々に対しては、この信託団体が信頼できるものであると思っていただけると感じている。

　本信託団体は、1986年12月に設立されてより、すべての人々をエンパワーしてより安全に暮らせるようにするという目的を達成するまで活動を続けている組織である。本信託団体は、職場で働く人に対する暴力に焦点を当ててスタートし、現在もそれを継続している。調査、研究、ビデオ、トレーニング・マニュアル、リーフレット、会議、セミナーやプレゼンを通して、全英中にこの活動を広めているのである。

　私たちは、常に忙しくしているが、1993〜94年は特に本信託団体の活動や支援に対する要望が想定以上に高まった。時によって、被雇用者に影響を与えている問題に雇用者が突然に目覚めることがある。私たちの見解では、それは、単に法律が取り上げるようになっただけでなく、よりよく仕事をするために支援が必要な被雇用者がいるという明白な事実や、危険や問題が存在することが顕在化してきたからである。それらが引き金となってきたわけである。被雇用

者の面倒をみるということは費用対効率として良いことや、それをないがしろにするとより高くつくであろうという認識が高まり始めているのである。

　事実、日々、職場での暴力がリアルな問題になっていることがますます明らかになってきている。多くの指標が、職場での暴力や攻撃的事件の増加を示している。さらに、事件の報告件数も増加している。これはRIDDOR（傷害、疾病と危険事件報告規則）において通報犯罪とされたら、その件数をより適切に把握することができるようになるであろう。

　なぜソーシャルワーカーを他の専門職にもまして特に取り上げるべきなのか？　ソーシャルワーカーは、他の専門職とどのように違っているのか？

　私は、ある日、列車で旅行していた。それは何も特別なことではなく、講演者として全国を旅する場合、列車で移動することが私の好みであったからである。新聞を読んだり、原稿を書いたり、編み物ができるからである。これは、平穏に静かに考える時間である。知人に会うこともめったにないが、この時は違っていた。ふと見るとある青年が立ち止まり、私の名前を言って話しかけてきた。彼は学生として幾年か私たちとともに生活し、そこにはSuzyも一緒であった。それは平穏な日々であった。私たちは、古い思い出と、信託の活動を語り合った。

　「あなたは私の知らなかったことをずいぶん話してくださった」と彼は言った。「私はソーシャルワーカーで、攻撃や暴力事件で2度、法廷に出たことがあります。精神を患う患者に対応する場合、対応を慎重にし、手に余る状況を鎮めるよう努めています」。人生には、つらいこともあるが、彼は明らかにそのケアから逃れようとはしていなかった。

　これこそが、The Suzy Lamplugh信託団体が本書からソーシャルワーカーが学んで欲しいと思っていることである。私たちは、団体の別の課題である性犯罪や失踪者援助に関わった時、全英の多くのソーシャルワーカーのグループに会った。彼らの話や彼らが直面する深刻な状況を聞くに及んで、彼ら自身の安全をケアするために「休暇を必要とする」専門職であることは疑いないと私たちは思った。あるソーシャルワーカーたちは、クライエントのケアに忙しく

て、自分自身をケアする暇がないのであった。

　出版社から、私たちの「職場安全トレーニング」マニュアルに基づいた本を書く人を推薦していただきたいと頼まれたとき、私はBrentのソーシャル・サービス部の副部長であったPeter Bibbyに電話をかけた。彼は、どのようにまたなぜ、ソーシャルワーカーのために夜間の「折り返しの電話サービス」を立ち上げたのかについて話してくれた。彼の仕事は、夜間の困難そうな電話による呼び出しに警官と同行訪問するものであった。私は、Peterが彼の部下が直面している問題に心底、気付いていると思った。

　Peterは、彼の妻を推薦した。彼女は、能力があるだけでなく、書くことが上手であった。Pauline Peterは、最上の選択であったことを証明してくれた。私は、本書の原稿のコピーをLit Potterに読んでくれるよう送付した。彼女は、ロンドン中心区の社会サービス部のトレーニング担当官であった。彼女のコメントは、以下の通りである。

　　何ということでしょう。これは、この問題に対する非常に優れた包括的なマニュアルです。

　　トレーナーとして、私は特にこのトレーニング・プランを取り入れたく思います。なぜなら、これは、膨大な情報の理解を助けるとともに、行動プランの作成にも役立つからです。

　　またこのマニュアルの大変良い点は、職員に対する暴力の予防とその事後対応のために効果的な政策と手続きを雇用機関と自治体はもつべきことを強調するとともに、マネージャーは、個々のソーシャルワーカーをサポートする重大な役割を有するとしている点です。

　　個々のソーシャルワーカーは、自分を守るためのステップを踏む中で「エンパワーされている」気持ちを抱くようになります。これこそが、正に重要なのです。サポートを依頼する場面や、自己の安全に疑問をもつ中で仕事に従事するサポートが提供されている場面で、そして同僚に同席してもらえる権利を有する場面で、その安心感は特に大切です。

ソーシャルワーカーが、自分の車でクライエントを搬送することに関して、一人でクライエントを搬送することはしないという方針を取ることは非常に理にかなっていると思います。特に、精神病院に強制収容する際、児童を保護する際、高齢の混乱したクライエントや対応困難で、動揺し、また危険な行動を呈している場合には、注意を要するでしょう。私自身の経験から言うと、同僚たちは非常に困難で厳しい状況に置かれることが、度々ありました。

　思いは色々あるでしょうが、本書は稀にみる感動的な出来です。

　私は、すべての人が本書を買って、これを読むことを薦める。私たち誰もが、恐れなく暮らすことを望んでいるのだから。本書は、その希望を達成させてくれるであろう。あなたを必要としているクライエントのためにも。

1994年7月

Diana Lamplugh

（大英帝国四等勲士）

はじめに

　ここ15年にわたり、ソーシャルワーカーがその業務を行うに際して、暴力に直面するという証拠が、非常に多くなってきている。死や重傷をもたらす攻撃が、メディアによって広く取り上げられるようになり、暴力とソーシャルワークについて、一般市民の注目も引くようになってきている。すべての深刻な事件が、直ちに劇的な衝撃を与えるのではないにしても、それは当のワーカーに徐々に悪影響を与え、もしそれが適切に対処されない場合、非常に危険な状況をもたらす可能性がある。

　本書は、ソーシャルワーカーに対する職場の安全と暴力に関わる近年の懸念を受けて生み出されたものである。まず本書は、ワーカーの専門的業務を取り上げ、地方自治体の社会サービス部、民間ボランタリー団体や保護観察といったソーシャルワーク機関の雇用者、マネージャーとスタッフが取り組まねばならない特別な課題を考察する。本書は、The Suzy Lamplugh 信託団体の Diana Lamplugh と共同した Chris Cardy の業績、「職場における安全のためのトレーニング」(Training for Personal Safety in the workplace) に大きく依存している。

　社会サービスの雇用者は、また非ソーシャルワーク・スタッフの安全問題にも配慮しなければならない。例えば、専門里親は、その仕事に特化した安全対策として、組織のガイドライン、トレーニングとサポートを求めているであろう。

　本書は、フィールドと施設のソーシャルワークに焦点を当てている。報告されている事例から明らかなように、暴力を予防し対処するには、グループやチームによる対応が効果的である。受付担当者と管理スタッフもまた、対象にすることは当然であろう。安全手続きを軽視したメンバーのミスは、その当人だけでなく、彼の同僚をも危険な目に合わせることになろう。このことから、ソ

ーシャルワーカー、サポート・スタッフとマネージャーによる協働アプローチ
は、安全な職務環境を前提とする必要がある。

　歴史的に見て、ソーシャルワーカーが日常、直面するリスクの認識は、遅々
たるものであったし、事件が起きてから対応するという事後的対応方針を取る
雇用者もいた。すなわち、雇用者は、その場限りの「片手間」的な対応政策を
取らなければならない立場にいた。攻撃を受けたスタッフへのサポートは、部
分的なものであったし、中には残念なことにそのサポートもない場合もあった。
暴力的な攻撃に対処する手続きがないことによって、スタッフは、サポートの
なさに懸念を感じたり、不安に思ったり、またストレスを感じることになるで
あろう。

　ソーシャルワーカーの側にしてみれば、攻撃や暴力を防げなかった場合、罪
の意識をもつようになるかもしれない。良くて、ライン・マネージャーが示す
べき理解やサポートに信頼を置けないと感じるし、悪ければ、事件に責任を感
じるようになるであろう。その結果、暴力行為の報告をあまりしなくなるであ
ろう。

　しかしながら、この問題への関心と、職場暴力の対処方法を調査すべきとい
う認識が高まってきた。雇用組織の中には、個人の安全問題に取り組み、暴力
の予防と対処、スタッフの安全を守る政策を発展させる所も出てきた。有益な
ガイドラインとして、例えば、社会サービス管理者協会によって作成されたも
のがある[1]。

　本書は、政策と実践に取り組んでいるこれらの組織に役立つ定評のある実践
を基に作られている。また本書は、組織が既存の安全戦略を見直す際に役立つ
ものとして作成されている。

　第Ⅰ部は、ソーシャルワークにおける暴力と広く社会一般における暴力に関
する情報がレビューされる。雇用者と被雇用者、それぞれの役割と責任が議論
され、効果的な業務遂行に必要な職場の安全政策と手段の作成に寄与するガイ
ダンスが提供される。暴力事件報告の手続きと暴力を被ったスタッフのアフタ
ーケアの手続きの作成に寄与するアドバイスが提供される。ここではさらに、

安全をより確かなものにするための職場環境とマネジメント方法に注目するとともに、通常の職場を離れて勤務するワーカーが考慮すべき問題点のガイドラインが提供される。

第Ⅱ部では、様々な職場状況で働くソーシャルワーカーが用いる詳細な安全ガイドラインが示される。それによって、ワーカーは自信をもち、分かり易い予防手段をもち得るようになろう。

第Ⅲ部は、トレーニングの問題が取り上げられ、幾つかのトレーニング・プログラムが紹介される。それは、熟練トレーナーの職務遂行に寄与することを意図したものではなく、以下のような主要領域において、トレーナーの役に立つであろうガイドラインを提供するものである。

- トレーニングに未経験か慣れていない場合
- 個人的にもまた情緒的にも動揺をもたらしかねない微妙な問題に新しく対応する場合
- 個人の行動とともに、より広い組織的、政策的な問題に関わるトレーニングに慣れていない場合
- 過程のすべての部分に注意を払うためにチェックリストを用いるのであるが、その内容が新しく、それを深めたいとする場合
- 個々のトレーナーが責任を取るために、過程の理解と共有を保障するチェックリストを用いるとき、共同トレーナーに関わる場合

例にあげたトレーニング・プログラムや「課題」（tasks）は、第Ⅰ部で用いられている方法と、トレーニングの種類を示すために作成されている。トレーナーの中には、それらをほとんど変えないで用いる人もいようが、多くは、それらを応用したり改編して利用するであろう。他の場合には、自己の特別なニーズに合わせて、多彩なプログラムからその一部の演習や活動をピックアップして再編するトレーナーもいよう。

巻末の主要参考文献・資料は、さらなる読書に参考となるであろうし、トレ

ーニング・リストやトレーニング資源、また援助、アドバイスや情報を得るための資源については、組織リストが役立つであろう。

　本書の意図は、リスクへの適切な注意は、攻撃事件とそれが暴力に発展することを減らすうえで役立つということである。多くの例において、予防的行為は、スタッフを守るとともに、ソーシャルワークのクライエントにより繊細な質の高いサービスを提供するという二重の効果をもっている。良きソーシャルワーク実践とは、ソーシャルワーカーとそのクライエントは、たとえ複雑で困難な状況下にあっても、互いに建設的に協働することができることを示す責任があることを意味する。

参考文献・資料

(1) Association of Directors of Social Services (1987), *Guidelines and Recommendations to Employers on Violence against Employees in the Personal Social Services*, Worcester: ADSS.

攻撃的な
クライエントへの対応
対人援助職の安全対策ガイド

目 次

第Ⅲ部
安全のためのトレーニング法

第 I 部
背　景

第 1 章
職場での暴力

　ソーシャルワーカーが職場で被る攻撃は、言葉やハラスメントから死に至るような暴力まで幅広い種類がある。本章では、より広い文脈からソーシャルワーカーの身の安全の問題を取り上げる。

　実際に暴力件数がどの程度増加しているかは定かではない。またそのことが、この問題への関心や件数報告するべきという意思とどう関わっているかも不明である。

　ここ10～15年、職場やそれに関係した状況下における暴力や攻撃に起因する問題に対する意識が高まってきている。職務を行う中で被った攻撃にかかわる事件が大きく取り上げられる件数が増えてきている。それには、教師、ソーシャルワーカー、団地組織、銀行や建物協会のスタッフ、また保健サービスの専門職が含まれている。暴力行為の原因はひとことで言えないものであるが、現代の生活上の諸要求は、われわれのフラストレーションのレベルに大きな影響を与えている。

　例えば、近年の不景気は、様々なプレッシャーをもたらしている。失業への不安、予算の削減は、それ自身が問題であるだけでなく、家族、友人や様々な日常生活上の関係に影響を及ぼしている。不安、フラストレーションや制御の困難化は、個人のストレスを増大させる。そしてそこから、客観性の欠如や過敏な反応がもたらされよう。このような状況下に置かれると、ささいなフラス

トレーションが容易に、怒り、攻撃や暴力事件に転嫁しやすくなる。

　雇用者やスタッフが、暴力事件から学ぶことは大切である。すべての雇用者は、1974年労働法第2条第2項の保健と安全に関する法的義務を有する。すなわち、雇用者は、合理的に行為可能な範囲において、被雇用者の働く場における保健、安全と福祉を守る義務がある。さらに職場での暴力の予防や対処の効果的な政策が発展すれば、制度が求める以上の多大な利益がもたらされる。適切な訓練を受けて、自信をもち、そして十分な支援を受けたスタッフは、難しい状況をうまく切り抜けることができ、また自分の仕事をより効果的に成し遂げるからである。

　スタッフを守り、過激な暴力に発展しかねない攻撃を軽減させるには、戦略が必要である。職場での暴力に対処する戦略の欠如は、訴訟、社会へのネガティブな印象、補償のコストや保険料の高騰をもたらすであろう。幾分漠然としている面もあるが、精神的なストレスから生じる深刻な現実のコストは、高い有病率、欠勤や高い転職率を意味し、仕事の満足度や士気を低下させる。そしてこのような事態は、スタッフの採用と職場定着を妨げることにつながるであろう。

　791名のソーシャルワーカーに対するある調査によると、回答者の32％が、少なくとも1回は、身体的な攻撃を経験している。92％が、言葉による攻撃を、また68％が、暴力の脅しを受けていた。このうち、管理職から支援を受けていた者は、わずか10％に過ぎず、そしてこの管理職からの支援を受けていない者の23％のワーカーが職場から去ったり、離職を真剣に考えるに至っている[1]。

　身体的な攻撃は、明らかに危険であり、怪我や障害、ことによると死亡に至ることもあり得る。それはまた、ストレスや不安を引き起こすであろう。同様に、言葉による深刻で継続的な暴力や脅しは、個々のワーカーの能率や士気に影響を与える。職場での暴力に対する無関心によるコストや暴力に効果的に対処することによる個人的、金銭的または組織的な利益を過小評価すべきではない。

　雇用者は、暴力の出現を最小化する政策や手続きを発展させ、起きてしまった暴力行為に対処する方法を提供するという挑戦に直面している。

　その有用な対処戦略のカギは、雇用者、労働組合とスタッフによる統合的なアプローチにある。すなわち、職場における身の安全に関する明確な組織的な対応策は、以下のことがその背景になければならない。すべてのレベルにおいて状況を定義する方法やリスクを軽減させるマネジメントの方法への関心を高めること、現場マネージャーとスタッフを訓練すること、暴力状況への適切な対処方法をみなで合意すること、そして巻き込まれたスタッフを支援することである。

　The Suzy Lamplugh 信託団体のためのPhillips、Stockdale と Joeman の調査報告書は、次のように提言している。

- 職場での暴力は、雇用者と被雇用者、両者の問題である。
- それは幅広い問題である。単なる「女性の職場」問題や英国独自の問題ではない。
- リスクの概念は、常に現実とマッチしているわけではない。
- 不安にかられて行動しないこと。一貫性のある制度的な対応が、被雇用者の安全にとっての決め手である。あれこれ行動しても深刻な結果を招くだけである。
- 職場での暴力は、個人にとっても組織にとっても両者に大きな損失をもたらす。
- 若い男性は、職場での身体的攻撃に最も脆弱なグループである[2]。

実践的な視点を幾つかあげよう。

- 職場での攻撃や暴力は、人の問題であって、ジェンダーの問題ではない。女性と同様に多くの男性も少なくとも年2回は攻撃にさらされている（そして、男性はそのことをあまり報告したがらない）。
- 暴力や攻撃に関して女性は特別なニーズをもつと見られているが、男性は攻撃される問題を態度で表したりニーズとして表現しようとはしない傾向がある。

男性は、女性をその違いにもかかわらず反応は同じとは考えず、弱い存在として見なす傾向がある。この永遠の課題の多くは，対応されないであろう。

● 男性と女性は等しいが、攻撃や暴力については、異なる課題をもつ。この問題をスティグマ、非難や驚きなしに取り扱う必要がある。

● 暴力とは、単なる暴行、攻撃やレイプとして定義される以上のものである。言葉による暴力、性的、人種的ハラスメント、いじめ、当てこすり、また黙殺さえもが、状況を一段と悪化させる引き金となろう。

● たとえ状況が悪化しなかったり、攻撃が拡大しなくとも、ほとんどの人は、示された攻撃によって悪影響を受けて、傷つき弱々しくなる。恐怖は弱気を引き起こし、その弱腰が態度に現れ、それがまた絶好の攻撃のターゲットになる（そして、こうしたことがあっても男性は報告しようとしない）。

● 攻撃や暴力の多くは、人々の日常において起きる。職場で、職場への行き帰りで、個人の生活上で起きるのである。最も起きやすい時間帯は、夕刻、すなわち放課後やパブがまだ閉まっているころである。最も多い攻撃者の年齢層は、16〜25歳の男性である。ロンドンの地下鉄で起きる暴力の85％が、男性から男性へのものである[3]。女性への攻撃で最も多いのは、知り合いからのものである。レイプは、家の中や最初のデートで最も起きやすい。

● このような暴力事件を減らすためには、雇用者と被雇用者が、手続き、身体的危険度と構造改革について、共に考えることが必要である。

　暴力が意味するものやその恐怖は、幅広い影響をもつ。それが、個人やチームがその専門的な義務を果たす能力に大きな影響を及ぼす。1991年の保健省の児童虐待死亡事件報告書によると、児童保護のレベルは、親からのソーシャルワーカーに対する暴力によって影響を受ける[4]。

　ソーシャルワーカーに対する脅しがある場合、特に親による暴力行為の前例がある場合、ワーカーが恐怖心をいだくのはいわば当然のことであろう。ワーカーがその恐怖に立ち向かい、状況に対処し、児童を守る方法を見つけ出す能力は、スーパーバイザーやマネージャーが支援し助けてくれるという安心感に

依存するであろう。暴力の恐怖は、児童保護プランに対してだけでなく、ワーカーのプライベートな生活にも深刻な影響を与えるであろう。

　以下の各章においては、職場での安全状況のアウトラインを描き、次いで特にソーシャルワーク状況に関わる安全問題を取り上げ、ワーカーの身の安全に対処する戦略を発展させるための体系的なアプローチを示す。

参考文献・資料

(1) Lyons, K., Grimwood, C. and La Valle, I. (1992), 'My Brilliant Career', *Social Work Today*, September, pp. 14-15.
(2) Phillips, CM., Stockdale, J.E. and Joeman, L.M. (1989), *The Risks of Going to Work*, London: Suzy Lamplugh Trust.
(3) Income Data Services (1990), *Violence Against Staff*, London: IDS Study 458.
(4) Department of Health (1991), *Child Abuse - A study of enquiry reports 1980-1989*, London: HMSO.

第2章
リスクの考え方

　職場での暴力事件が広く報道され、雇用者と被雇用者の職場におけるリスクへの関心が高まることには、肯定的効果と否定的効果の両面がある。安全に仕事をしようとすれば、生活や仕事から生じるリスクを意識しなければならない。しかし、そのようなリスク情報や意識は、リスクの強調から生み出される恐怖心を増大させるであろう。この両面を調和させようとするならば、われわれの働く環境と実践活動を批判的に振り返るだけでなく、われわれが直面するリスクをアセスメントする際には、多様な原因からその証拠を考察する必要がある。

第1節　調査で分かったこと

　1980年代、仕事をするうえで被雇用者が被る様々な種類の暴力に関する多くのレポートが出され、暴力一般の増加への懸念が高まった。また同時期、多彩な関係団体による報告や調査研究に基づく一連の書籍が刊行され、職場での暴力への関心を高めるうえで一役かった。雇用者団体、労働組合、専門職団体等が、暴力の問題に大いに目を向けるようになり、暴力の予防と暴力が起きた場合の対処法への関心が高まった。

　職場における暴力は、増加してきているというのが一般的な見方である。し

かしながら、大規模な体系的記録システムがないため、それを証明することも否定することも難しい。攻撃事例の増加は、暴力の増加を反映しているというよりも、そのような事件を報告することが受容されるようになったことによると考えられる。

　データの欠如によって、暴力の増減、経年変化や、地理的、職種ごとの違いを明らかにすることは難しい。このような制約はあるにしても、以下の調査は、職場における暴力の性格、規模やその影響について理解するうえで、大きく貢献している。

- 1987年、保健・安全執行諮問委員会は、レポートを作成し、保健サービス・スタッフへの暴力は、以前、考えられていたものよりもかなり一般的なことであると指摘した。ある領域では、定期的にそれが起きていた。3,000人の保健サービスワーカーへの調査では、過去1年間で、以下の割合で事件が起きていることを示している。
  - 治療が必要な傷害が、0.5%
  - 応急処置が必要な軽微な傷害が、11%
  - 武器での脅しが、5%
  - 言葉による暴力が、18%[1]
- 1988年の労働組合会議（TUC）の「スタッフへの暴力」レポートは、職場での暴力に関する包括的なデータの体系性の欠如に焦点を当てている。すなわち、ある範囲の雇用部門における職場での暴力に対する最近の取り組みを分析し、この問題への関心は高まってきてはいるが、被雇用者への暴力の性格と程度は、不明確であることを指摘している。[2]
- 1988年の保健・社会保障省諮問委員会レポート「スタッフへの暴力」は、この問題は、「1974年職場の保健と安全法」の法的基盤を超えて、サービス制度のより広い文脈の中で考えねばならない問題であると指摘している。そして、保健・社会保障省のすべてのサービスについて勧告を行い、中央政府の戦略だけでは不十分であり、その取り組みは地方の現状を考慮すべきことと主張して

いる。本レポートは、暴力が問題視されていないサービスや領域においても、暴力に対処する戦略が未発達なところは、早急に取り組みを策定することを提言している。そして、本レポートは、以下の基本的な勧告を提示している。

―暴力問題のアセスメントを含む地域戦略の発展

―予防の手段

―適切な対応

―暴力の犠牲となったスタッフへの支援

―戦略を実践的アドバイスに転換するトレーニングの重要性[3]

● 1988年の英国犯罪調査によると、教師、福祉ワーカーと看護師は、平均的な被雇用者に比べて3倍近く、言葉よる暴力や脅しを受けている。同様の暴力的行為のリスクにさらされがちな職業として、エンターテイメント部門のマネージャー、交通職員、男性ガードマンや司書があげられている。[4]

● Philips、Stockdale と Joeman は、次のような調査結果を報告している。

―8%の人が、職場への行き帰りで暴力行為の被害に遭っている。

―20%が、その行き帰りにおいて不愉快なことを経験している。

―20%が、脅し行為に直面している。

―セクシャルハラスメントは、よく起きている。外勤が多い専門職や店員、事務員では、女性が犠牲者の20%を占めている。

―身体的暴力では、比較的少ない4%の女性事務員から、約15%の外勤の多い男性の専門職まで幅広い。

―脅し行為の経験頻度は、内勤基盤の専門職の10%から、クライエントを訪問することが多い専門職の約33%となっている。[5]

● 1988年の英国犯罪調査では、犯罪被害者の25%が、職場において、または職務に関係して、被害を被っていると述べている。回答者の14%が、過去1年間に職場で少なくとも1回、言葉による暴力を経験したと述べている。またすべての暴力による脅しの約33%が、職場でその被害に遭遇したと述べている。[6]

● 1987年に刊行された労働調査局の調査は、公共サービスに大きく関わったものであり、以下のことを明らかにしている。

―職場の98%において、攻撃やハラスメントが起きている。

―職場の85%において、暴力による脅しが起きている。

―職場の62%において、1回かそれ以上の暴力を経験しており、交通会社では80%が、また保健当局では77%がそれに該当している。

―職場の28%が、武器を伴った暴力を経験している。

全8万6,000人の被雇用者を有する210か所の職場調査によると、67%が、過去5年間、攻撃と暴力のレベルは、ひどくなっていると感じている。[7]

●「どっち？　街頭の犯罪レポート」（Which? Report on Street Crime）は、警察統計よりも犯罪率について信頼が置けるという理由で、英国犯罪調査を用いている。その英国犯罪調査は、次のことを示している。

―強盗に遭遇する確率は、危険な地域でさえ、車を持つ確率や1年間に窃盗に遭う確率である20%よりも低い。

―強盗は、インナーシティ、多人種地区、低所得者用公営団地、「非家族」用住宅区（ワンルーム住宅や大きな2連住宅）で多い。

―男性は、女性よりも犯罪に巻きこまれるリスクが高い。特に街頭での暴力犯罪である。

―高齢者は、単に外出する機会が少ないためだけではないが、若者よりも犯罪に巻き込まれにくい。若い男性は、暴行や窃盗に最も巻きまれやすい。

―アフロ・カリビアンやアジア系の人は、白人よりも犯罪の被害者になりやすい。

―アジア系の人は、破壊行為や窃盗、集団による犯罪の被害者になりやすい。[8]

第2節　犯罪のリスク

犯罪への恐怖は、メディアで見聞きしたり、暴力にさらされたり、犯罪多発地区に住むことによって、理解しやすいことであるが、その犯罪リスクをどうとらえるのかが重要である。多くの場合、犯罪への恐怖は、実際のリスクより

も大きくなりがちである。犯罪の恐怖に関する内務省の研究では、犯罪の受け止め方のレベルは、時に実際のレベルとほとんど釣り合っていないことを示している。特に暴力や性犯罪の場合である[9]。人は、非常に多くの場合、暴力犯罪のリスクを高く評価する。同様に、暴力を含む犯罪の割合を一般に実際よりも大きくとらえる。

　内務省の研究では、対人暴力犯罪は、全犯罪の中でほんの少しの割合でしかないことが示されている。暴力犯罪に巻き込まれる確率は、車関係の犯罪の被害者になる確率よりもかなり低い。しかし、以下のことを覚えておくことが重要である。

- 1991年3月に至る1年間のイングランドとウェールズの全犯罪件数4,700万件のうち、少ない割合ではあるが、25万1,800人が暴力犯罪に巻き込まれている。
- 法律上は対人暴力や犯罪とされないような行為を、攻撃や暴力と感じることがある。
- 多くの職務上の暴力事件は、職場に報告されないので、警察は認知することができない。
- 犯罪統計は、暴力犯罪の犠牲者の統計的可能性を示しているだけであり、職務や生活スタイルに起因するより広いリスクにさらされている人々を考慮していない。
- 暴力犯罪は、時に言及されがちなジェンダーの問題ではない。事実、多くの暴力犯罪の対象は、女性よりも男性である。暴行の大多数は、若い男性による若い男性へのものである。

第3節　性犯罪

1993年6月に至る過去1年間でイングランドとウェールズの警察が把握した

性犯罪件数は、2万9,618件であった。これは全犯罪件数の0.5％に当たる。前年1年間の件数より125件少なくなっている。表2.1は、全性犯罪における分類別発生率を示している。

表2.1 性犯罪の分類別発生率

犯罪	％
男性同士の性交	4.0
男性への強制猥褻	10.5
男子同士の猥褻行為	2.5
レイプ	14.5
不法性交	6.1
女性への強制猥褻	55.5
近親相姦	1.2
売春斡旋	0.5
女性誘拐	1.1
重婚	0.3
児童への著しい猥褻行為	3.9

出典：内務省調査統計局（1993年）、ロンドン、財務省印刷局

犯罪件数と同様、性犯罪の対象となるリスクを考える際、他の統計資料を考慮することが役立つ。以下に例示する。

●レイプの40％が、顔見知りの間で起きている。

●レイプの60％以上が、センセーショナルな新聞報道でよく聞くような暗がりよりもビルや家、オフィスで起きている。

●男性への性犯罪は、多くの人が信じているよりかなり多く起きている。

●レイプの被害者は、16歳から24歳に多く、10歳以下や60歳以上は少ない。

●逮捕されたレイプ犯の多くは、20歳代の男性である。

●一般に信じられている夜間のリスクに反して、多くの暴行や暴力は、パブが閉まっている午後や放課後に起きている。

●統計によると、性犯罪の被害者になる確率は低いが、ライフスタイル、地理的条件や職業によってそのリスクが変化する。

　このような情報は、本当のリスクを理解することを可能とし、不必要な恐怖を軽減させ、ひいては身の安全を守るうえで役立つ鋭敏な判断力を養うことができる。例えば、以下のことがいえる。

- ●女性は、職務上の知り合いの男性に会うから安全であるとは思わない方がよい。特に男性の領域に入る場合に注意が必要である。
- ●男性は、男性であるからといって、性犯罪から免れると思わない方がよい。

参考文献・資料

(1) Health and Safety Executive Advisory Committee (1987), *Violence to Staff in the Health Services*, London: HMSO.
(2) Trades Union Congress (1988), *Violence to Staff*, London: TUC.
(3) Department of Health and Social Security Advisory Committee on Violence to Staff (1988), *Violence to Staff*, London: HMSO.
(4) Home Office Research and Statistics Department (1988), *British Crime Survey*, London: HMSO.
(5) Phillips, CM., Stockdale, J.E. and Joeman, L.M. (1989), *The Risks of Going to Work*, London: Suzy Lamplugh Trust.
(6) Home Office Research and Statistics Department, op. cit.
(7) Labour Research Department (1987), *Assaults on Staff- Bargaining Report*, London: LRD, July.
(8) Consumers7 Association (1990), *Which? Report on Street Crime*, London: CA, November.
(9) Home Office Standing Committee for Violence (1984), *Report of the Working Group - Fear of Crime in England and Wales*, London: Home Office Public Relations Branch.

第3章
ソーシャルワーカーに 対する暴力

第1節 ┃ 歴 史

　おおよそ暴力の恐怖については、確証がない場合が多いのであるが、ある職種においては、暴力的攻撃のリスクを招きやすいと考えられる。ソーシャルワーカーへの暴力に関する情報は、脅しや身体的暴力の混乱した状況がパターン化していることを示している。

　ここ数年、特別なリスクがある仕事に邁進した結果、ソーシャルワーカーの死をもたらした痛ましい事件が起きている。1988年、BBCテレビのパノラマ・プログラム（4月18日放映）は、「過去3年間、イングランドとウェールズで警官よりもソーシャルワーカーの方が、職務中に殺される割合が多い」ことを報じている。

　クライエントによるソーシャルワーカーの最初の殺人事件記録は、1978年のHampshireのソーシャルワーカーであったPeter Grayの事件である。1984年、精神障害をもったクライエントに刺されて、それがもとで亡くなったIsabel Schwarz事件は、ソーシャルワーカーの安全への関心を高めた。1985年にはNorma Morris事件が、また1986年にはFrancis Betteridge事件が、児

童ケアの職務中に起きた。

　これらのショッキングな事件によって、専門職や市民は、ソーシャルワーカーは攻撃に対して脆弱であるという意識を高めるようになった。1985年、Strathclydeでは、ソーシャルワーカーたちが、入所施設での暴力の高まりに抗議してストライキを起こした。また1986年には、Lewishamで1,000人以上のスタッフが、ソーシャル・サービス・スタッフへの増え続ける暴力に抗議して、ストライキを起こした。

第2節　事件の内容

　すべての指標が、暴力の増加を示し、暴力事件の報告への関心が向けられるようになったにもかかわらず、統一的な報告と監視システムの欠如によって、長年に渡って比較を困難に、また不確かなものにした。しかしながら、幾つかの研究は、ソーシャルワーク・スタッフへの暴力のレベルは、予測されたものより深刻であることを明らかにしている。またそれらの研究は、広く知られた死亡に至る攻撃事件は、広範囲に広がったソーシャルワーカーへの身体的、言葉による攻撃を背景に起きていることを示している。

　これらの結果は、ささいな事件が深刻な攻撃に発展するだけでなく、それらの事件が恐怖や不安を引き起こすために、職務遂行上、支障をきたすことを意味している。すなわち、ソーシャルワーカーとクライエントは、脅しや怒りの文化によって敵対的な影響を被る。

　犯罪学研究所のRowettの研究は、「（ソーシャルワーカーへの暴力の）全国的な発生数は、実際には、以前、想像されていたものより劇的に多い」ことを示している[1]。Brown、ButeとFordの研究は、郵送による調査を行っている[2]。それによると、回答者の53%が、過去3年間に暴力や、暴力を伴った脅しを受けたことがあると答えている。一般に、脅しや攻撃を被るのは、フィールドより入所施設のワーカーに多い。他のいくつかの研究結果からも、同様のことが

報告されており、入所施設ワーカーの安全対策に責任を有する人は、このこと
に留意する必要がある。

　調査によると、多くの暴力事件が報告されていないことが示唆されている。
Surrey社会サービス部が行った回顧を用いた調査では、入所施設ワーカーの
ほとんどが、1986年12月に至る過去5年間に少なくとも2回の攻撃を被ってい
た[3]。興味深いことは、およそ33％の人が、その攻撃をライン・マネージャー
に報告していないし、またおよそ66％の人が、事件報告書に記載していなか
った。この報告をしない理由については、第9章でより詳しく考察する。

　1989年に全国地方自治体公務員協会は、6つの自治体にソーシャルワーカー
の調査を委嘱した[4]。その調査によると、ソーシャルワーカーの90％が、自分
の仕事はハイリスクの側面をもっているとし、33％の社会サービスのスタッフ
が、この3か月間に敵対的な行動を経験しており、10％が身体的暴力を被って
いた。

　また1989年に福祉専門ジャーナルの『コミュニティ・ケア』は、すべての
ソーシャルワーク領域の読者に対する調査を行った[5]。518人の回答者のうち、
68％が何らかの身体的暴力を経験したことがあり、61％がささいな攻撃にさら
されたことがあると答えている。そのほとんどが、身体的または言葉によるも
のであり、児童や他の入所ホームやデイセンターで起きていた。

第3節　　暴力を被る理由

　暴力は、一般にコンプレックスの結果やそれに関係した要素によって生じる。
どうしてソーシャルワーカーは、暴力にさらされるリスクが特別に高いのか、
その理由を考えることは有意義である。ワーカーは、日々、脆弱（vulnerability）
な人々を相手にしている。脆弱になる要素は、例えば、貧困、病気や家庭内の
緊張などがあるが、それらは、暴力や攻撃行動に向かわせる傾向がある。加え
て、中には、例えばアルコール依存や薬物乱用のように時にコントロールを失

う傾向の人もいよう。

　ワーカーは、たとえクライエントの過去の暴力に気づいていても、暴力事例の報告に接すると、ショックを受け、実際に起きたことに驚く。しかし、ソーシャルワーカーは、自分の身に起きそうな暴力の可能性を否定するようになるであろう。そして、その否定によって、恐怖に圧倒されることを防止し、自己効力感の減退による無気力感を感じないようになるであろう。

　不幸なことに、このようなやり方は、攻撃リスクの過小評価や無視をワーカーにもたらし、何の準備もなく非常に危険な状況に歩み寄ることを許すことになろう。暴力のリスクへの認識を欠き、それへの対策をなおざりにすれば、自ら相手の攻撃傾向を助長し、物理的暴力を引き起こしてしまうことにつながる。

　ソーシャルワーカーは、門番的役割を果たすことが多い。資金やサービスを手に入れる手段と見なされている。そのため、クライエントの要望に応えられない時やその意思がない場合には、暴力のリスクが高くなる。金銭給付の拒否は、特に危険な要素と見なされている。クライエントの援助の期待が、拒否されたとき、フラストレーションや怒りがソーシャルワーカーに向くようになるであろう。ソーシャルワーカー自身も、資源の不足のためクライエントの窮状に応えることができない場合、ストレスやフラストレーションが高くなると報告している。

　他の機関が、ソーシャルワーカーの援助に対して非現実的な期待を助長させることもある。ソーシャルワーカーの果たす役割を理解していない場合（また、時に社会サービスに責任を転嫁したい場合）、ソーシャルワーカーは、人生の深刻な時に援助を期待しているクライエントに適切に対応することが難しくなる。

　全英ソーシャルワーカー協会（BASW）は、1986年に行政に社会保障政策を改革することを求める1年間に及ぶキャンペーン「思いやりのあるコミュニティ」を始めた。これは、給付の削減によって、若いクライエントの地域での独立した生活を支援するソーシャルワーカーの取り組みが困難となる問題に関わるものであったが、法律はこの困難を助長した。BASWのキャンペーンは、この問題への意識を高めたが、行政はその望ましい方向に動かなかった。

　社会政策の変化は、「コミュニティでのケア」の提供を強調するものであるが、それによって、行動上の問題により入所施設でケアを受けていた多くの人が、より制約の少ないケアとコミュニティでのケアを受けるようになるか、もしくはケア・サポートのネットからこぼれ落ちる結果となった。ソーシャルワーカーは、「コミュニティでのケア」を強調する哲学には賛成であったが、適切に計画されたコミュニティ基盤のケア提供体制は、多くの場合、資源が不足して不十分であり、きめ細やかなケアを提供する能力やソーシャルワーカーの安全を図る能力は、かなり疑問であった。

　ソーシャルワーカーについて公衆の見方に影響を与えている他の要素は、メディアが、ワーカーが職務上行った決定、多職種による職務遂行におけるワーカーの役割や裁判所の命令をセンセーショナルに報道する傾向があることである。例えば、虐待の恐れがある児童を家庭から引き離す場合、逆に家庭にとどまらす場合、その児童を家庭に返す場合、またその結果、親の暴力によって死に至らしめた場合である。

　その批判は、幾つかの例では妥当するかもしれないが、新聞社のその短絡的報道は、多機関による決定の結果という認識を欠き、不運なソーシャルワーカーやチーム・リーダーの特定の行為や不作為に焦点を当てがちである。また、特殊なことを一般化し、あるソーシャルワーク行為の失敗をすべてのソーシャルワーカーの失敗であるかのように結論づけることもある。その結果、この不幸なステレオタイプは、少なくとも潜在意識レベルで増大し、ソーシャルワーカーは、脅されたり、暴力を振るわれたりする大変な職業だという認識の拡大を助長している。

　このような要素が複雑にからみあい、また個人面接や困難な経歴をもった児童や成人に関わる場面で生じる暴力の機会が重なり、ソーシャルワーク場面で働くすべてのワーカーの身の安全を守る対策への関心や取り組みへの真剣な議論が巻き起こった。

第4節 ┃ スタッフへの暴力の影響

　ソーシャルワーカーが脅されたり、身体的暴力を振るわれたりする際、様々な反応が生じるであろう。暴力を経験したワーカーたちは、攻撃された瞬間、「凍り付き」、続いてショックと驚きを感じたと報告している。その後、一般に怒りが生じ、それは攻撃者や職場の同僚や所属に向かうこともある。

　ソーシャルワーカーは、専門職としてそのような攻撃をあらかじめ予期し、予防すべきであるという非現実的で、多くの場合、自らに言い聞かせた期待があるが、そうできない場合、それは自責の念を生じさせる。自分に与えられた責務を果たそうとしているソーシャルワーカーに対する暴力は、彼らの自尊心と専門職としての能力を傷つける効果をもつ。

　Victor Schwarzは、『コミュニティ・ケア』誌で、ソーシャルワーカーは、「自分に対する暴力に対して、自らを責めたり、また仲間同士で自責の念をもつ」ことを明らかにしている[6]。スタッフは、次のことを意識する必要がある。すなわち、暴力行為を減らす手段を講じるとともに、暴力事件が起きた場合、それは近代ソーシャルワークと社会を反映していること、そして、それはケア専門職がその責めを負うものではない。また、スタッフは、特に深刻で繰り返される脅しがある場合、クライエントの危険性を注意深く理性的にアセスメントすることを奨励されるべきである。

　ソーシャルワーカーは、クライエントを支援しようと思っており、そのことと、クライエントが、ワーカーを助けにならない者や支配者とみなしているという明確な証拠を折り合わせることは彼らにとっては難しい。攻撃されたワーカーの中には、「それが引き起こす結果」や警察による攻撃者の起訴に対して、罪の意識を感じているワーカーもいる。

　暴力の後遺症は、身体的傷害だけでなく、吐き気、頭痛、不眠、動揺やひどい疲労があげられる。暴力の情動的、心理的な影響は、深刻で長期に渡る。一

般的な反応は、孤独感や個人生活や職務における意思決定の困難として現れる。

　恐怖、怒り、報復や悲しみや裏切りの感情、そして自己不信は、それだけで影響をもたらすが、またそれらは重なり合って一度に影響をもたらす。さらなる暴力への恐怖、暴力者にうまく対処する自信の欠如は、ソーシャルワーク実践に深刻な影響をもつであろう。

　手と上腕を刺されたある上級ソーシャルワーカーは、『コミュニティ・ケア』誌において「心の傷は、とても大きくて私の人生、家族、友人と私の仕事といった多く面に影響を与えました」と述べている[7]。

　David Craneが行った調査によると、攻撃を受けたソーシャルワーカーの中で、長期にわたる心理的影響を被ったワーカーは少数であるが、その人たちは、身体的な傷も長期間にわたっていた[8]。

　暴力を受けた後の効果的なアフターケアの提供においては、当該ワーカーに対する暴力の影響だけでなく、ワーカーの同僚への影響も考慮すべきであろう。また、その暴力への反応は、人によって様々であることも認識しておく必要がある。

参考文献・資料

(1)　Rowett, C. (1986), *Violence in Social Work*, Cambridge: Institute of Criminology.
(2)　Brown, R., Bute, S. and Ford, P. (1986), *Social Workers at Risk: The Prevention and Management of Violence*, London: Macmillan.
(3)　Surrey County Council Social Services Working Group on Violence to Staff(1987), *Safe and Secure in Surrey*, Guildford: Surrey County Council.
(4)　Hayes, P. and Glastonbury, B. et al. (1989), *Social Work in Crisis - A study of conditions in six local authorities*, London: NALGO.
(5)　King, J. (1989), 'How do you Handle Violence?', *Community Care*, 23 March.
(6)　Schwarz, V. (1987), 'Social Worker Heal Thyself', *Community Care*, 8 January, pp. 14-15.
(7)　Stevens, J. (1988), 'Healing the Hidden Wounds', *Community Care*, 8 September, pp. 22-3.
(8)　Crane, D. (1986), 'Violence on Social Workers', *Social Work Today*, Social Work Monographs, Colchester: University of East Anglia.

第4章
暴力と攻撃の定義

　組織にとってワーカーの身の安全を守る戦略の第一歩は、取り組むべき問題は何かを明確にするために、作業定義を作ることである。暴力と攻撃は、何か分かり切ったもののように語られる場合が多く、実際、この2つの言葉は同じような意味として用いられることが多い。しかしながら、暴力と攻撃は、個人の感覚からみれば多様である。それは、あまりに分かり切ったものなので、職場やその他の場所での暴力と攻撃の実態と同様、どのような行為概念がそれに該当するのかについて合意や理解を得ることが難しい。

　暴力への見方が多様なため、それに対する反応もまた多様である。あるスタッフは、職務を行ううえで暴力を問題だとは思わない。が、他のスタッフにしてみれば、ソーシャルワークの課題を効果的に行うことができないほど深刻な問題と感じる。

　辞書的な定義は、その言葉自体や、客観的に、また学問的にそれが意味することに焦点を当てる。すなわち、「暴力」や「攻撃」という語句の一般的な理解を示そうとする。しかし、そのような定義は、攻撃や暴力の原因や影響に触れることはないし、また組織や職場の文脈上それをどう理解するかについても説明し得ていない。

　そこで、「作業」（working）定義を作る試みが行われてきた。それらの定義は、攻撃、暴力とそれらの影響に関係する行動特性を描き出そうとしてきた。

その「作業」定義の幾つかの例を以下に示そう。

- 「被雇用者が、雇用に起因する環境において、公衆（public）から虐待、脅しや暴行を受ける事件」（保健安全管理庁による暴力の作業定義、1988年）[1]
- 「義務の有無にかかわらず職務に起因する人に対する公衆による強制、ひどい脅しや深刻な虐待。例えば、実際の暴力に至りかねないと判断されるひどい言葉による虐待と脅し、深刻で執拗なハラスメント（人種的、性的ハラスメントを含む）、武器を用いた脅し、重度や軽度の傷害、死亡事件」[2]
- 「身体的、精神的に人に対してダメージや傷害を引き起こす行為」[3]

　これらの作業定義は、辞書的定義を広げて、言葉での攻撃や虐待、脅しやハラスメントを包含できる。またそれらの定義は、攻撃や暴力の行為だけでなくそれらの攻撃を受けた人への影響も記述する試みでもある。公衆からの行為を特別に対象にしている作業定義も幾つかあるが、ほとんどの定義が、関係する他の機関、契約者や取引先のサービス提供者や組織を「公衆」として広く考慮に入れている。さらに、直接的に言及はしていないが、職場における同僚からの攻撃や暴力の可能性にも留意している。

　定義の策定は、幾分、学者ぶったように見えようが、多くの場合、忘れがちであるが、次のような理由から職場における攻撃や暴力への対処の重要なステップとして、それは重要である。

- 何を対象にし、何に対処するのかを分かっていなければならない。多くの人たちは、暴力を単なる深刻な身体的攻撃、レイプや殺人としてとらえている。実際には、かなり幅広い行為が、暴力や攻撃として理解されており、被雇用者自身や組織の業務へのダメージと受け取られている。それらの行為を以下に列挙する。

身体的暴力	非身体的暴力
－致死に至る暴行	－言葉による虐待

―重度傷害に至る暴行	―人種的、性的虐待
―軽度傷害行為	―脅し（武器の使用、不使用ともに）
―蹴ること	―身体的威嚇の姿勢
―咬むこと	―脅しの身振り
―叩くこと	―電話での虐待
―武器の使用	―犬を用いた脅し
―飛び道具の使用	―様々な形態のハラスメント
―唾をかける行為	―ののしり
―かきむしる行為	―どなる
―性的暴行	―悪口
	―いじめ
	―あてつけ
	―無視

● 定義の策定に際しては、その組織の文脈、文化と、スタッフと攻撃者になりそうな人の性質を考慮に入れるべきである。例えば、

　―子どもは、学校や保育現場で、気まぐれや発散のため、虐待的な言葉使いやちょっとした暴行をしがちである。

　―精神障碍者は、理性的な行動の判断がうまくいかず、暴言や暴行をしてしまう可能性がある。

　―娯楽の場やパブでは、アルコールのため、中には毒づく人がいるが、脅しはしない。

　定義の策定にあたって、文脈を考慮することによって、その定義をより有用なものにできるであろう。というのは、その組織（雇用者と被雇用者）が何をもって暴力行為とし、またそうではないとみなしているのかをその定義が示しているからである。

● 攻撃や暴力の受け止め方は、暴力を経験している人とそうでない人とでは異なり、その危険がある人とそれほど危機的状況にない人とでも異なる。暴力やその恐怖に対処しなければならない時、すべての人が、同じように気弱になった

り、また耐えられるわけではない。すべての人が同意できる定義を策定してい
こうとすれば、多様な経験、考え方や見方をオープンに話し合える過程が必要
である。すなわち、作業定義が合意に至るためには、地方のスタッフと中央の
スタッフだけでなく、労働組合や職員組合も参加させることが重要である。

●完璧ではないにしても、ある定義が共有され、説明され、分かり合えるように
なれば、それによって暴力の認識の基礎がそれなりに固まるであろう。暴力の
認識が一般に広がることによって、暴力事件の報告が増加するであろう。暴力
の報告件数が少ないことは、深刻な問題である。それは、攻撃された人が暴力
と見なし、また他者もそう見なすであろうという自信の欠如にその原因があ
る。「暴力も仕事の一部」や被雇用者が過敏であるといった見方が、報告件数の
少なさをもたらしていることもごく一般にいわれることである。

　このように攻撃や暴力の作業定義の策定は、その組織にとって、契約、政策、
手続きと実践を構築する際の重要な共通理解の基礎となる。

　何か他の定義をスタート時点で用いたり、白紙の状態から出発しても別に問
題ではない。（多くの組織がそうしているように）攻撃行為と暴力行為を別々に
定義しても、また「暴力」を一連の幅広い行為を意味する言葉として用いても
かまわない。定義が学術的な重みがあろうとなかろうと、また行為の単なる列
挙であってもかまわない。大切なことは、その定義が、人々に共有され、従っ
て、すべての人の将来の行為と見方に影響を与え得るか否かである。このこと
は、「現場」（front line）から離れた政策決定者や管理者による定義よりも、現
場のワーカー、とりわけ危機的状況に直面しがちなワーカーの意見を聞くこと
の大切さを意味する。このやり方は、定義に到達するまでかなりの手間暇がか
かりそうに見えるが、政策を発展させるために必要な基礎作業を行ううえで大
いに役立つ仕事であって、行う価値がある（第7章参照）。

　本書の趣旨からいって、「暴力」（violence）は、幅広い概念であって、以下
のように定義される。

「職務遂行中の被雇用者に向けられた身体的、精神的ダメージをもたらすあらゆる行為」

　この定義は、あらゆる形態の身体的、非身体的虐待、攻撃、脅しや暴行を含むとともに、犠牲者中心主義を採用するものである。すなわち、何がダメージ、特に精神的ダメージかというアセスメント（判断）に際しては、当事者の主観を基礎にしなければならないということである。

　本書では、「犠牲者」（victim）という言葉の使用は最小限にしたい。というのは、暴力や攻撃の犠牲者たちが被るスティグマを避けることが重要であるからである。むしろ、雇用者がこの問題の責任を取りやすくすること、またワーカーにとっては、暴力問題に対処するうえで積極的に支援が受けられるようにすることに焦点を当てるべきである。

参考文献・資料

(1) Health and Safety Executive (1988), *Preventing Violence to Staff*, London: HMSO.
(2) Department of Health and Social Security Advisory Committee on Violence to Staff (1988), *Violence to Staff*, London: HMSO.
(3) Association of Directors of Social Services (1987), *Guidelines and Recommendations to Employers on Violence against Employees in the Personal Social Services*, Worcester: ADSS.

第5章
被雇用者と雇用者の役割

　1974年職場保健安全法第2条第1項は、雇用者に対して一般的な義務と特別な配慮を求めている。一般的な義務とは、以下の通りである。

　　「雇用者は、被雇用者の保健、安全と福祉を合理的に実行可能な限り保障する義務を有する」

この義務には、次のことが含まれる。

- 「働く場と働き方の設定と維持において、合理的に実行可能な限り、安全を図り保健のリスクがないようにすること」
- 「被雇用者の職務遂行に際して、合理的に実行可能な限り、保健と安全を保障するために情報、指示、訓練とスーパービジョンを提供すること」
- 「被雇用者の働く環境の設定と維持において、合理的に実行可能な限り、安全を図り保健のリスクがないようにすること」

　さらに、これらの課題を含んだ安全施策を文書として公表する義務がある。職場の保健・安全法とは別に雇用者には以下の義務がある。

● 被雇用者の安全に関して、雇用者によるコモンロー上のケアの義務。

● 全国的に交渉して合意された雇用者の義務。

● 不当に被雇用者を解雇できない雇用者の義務。被雇用者は、雇用者が被雇用者の安全に対する合理的な予防措置をしなかった場合、すなわち先例（precedent）を設けなかった場合、適時、退職したり、もしくは不当解雇を申し立てることができる。

　もし雇用者が、その義務を果たさない場合には、職場保健安全法に基づき罰せられる。被雇用者はまた、雇用者がその義務を履行しない場合、他の手段に訴えることができる。すなわち、不当解雇を申し立てて辞職、損害賠償、争議行為である。

　ここで、問題になるのは、「『合理的に実行可能』（reasonably practicable）とは何を意味するか？」である。その意味は、大部分、判例法によって明らかにされる。その中で最も重要なのが、高等裁判所「Edwards対全国炭鉱委員会」（1949年、IKB704）の判例である。判決で、Asquith裁判官は、次のように述べた。

　「合理的に実行可能」とは、「物理的な可能性」よりも狭い概念である。その評価は、ある尺度上の危険度（quantum of risk）として当事者によって示されるが、一方でその危険を回避するために必要な負担（sacrifice）、すなわち費やされる金銭、時間と困難さがあげられる。

　この判例の原則は、職場保健安全法の手続きやそれに類する手続きに適用される。すなわち、それは以下のことを意味する。

● どの程度、合理的に実行可能であったかについての挙証責任は雇用者にある。

● 雇用者は、Asquith裁判官が述べた危険度の判断を真摯に行ったことを示す必要がある。

- 裁判所は、雇用者が「合理的に実行可能」な対応を行ったといえるか否かについて、証拠に基づいて判定しなければならない。

この原則は、地方自治体、炭鉱やエンターテイメント業界といった様々な雇用場所で生じる多くのケースに適用されてきた。他の判例において、裁判所は、雇用者に次のことを求めている。

- 被雇用者のリスクを最小限にする行為を行うこと。
- 職場の安全環境提供義務の一部として、刑法に該当する攻撃リスクを考慮に入れること。

職場保健安全法は、次の執行手段を取ることができる。

- 監査官が、保健安全法規に反していると見なした場合、改善通知を出せる。
- 監査官が、深刻な傷害の危険があると見なした場合、禁止通知を出せる。
- 本法や他の関連法令に違反する場合、訴追できる。

職場保健安全法第2条から第6条違反は、2万ポンドの罰金が科される。他の関連法令違反は、2,000ポンドの罰金である（1992年から5,000ポンド）。治安判事は、改善通知や禁止通知を履行しない者に最高6か月の収監を命じることができる。高等裁判所では、2年間の収監が可能である。

　職場保健安全法のある項目が、時に忘れられている場合がある。個人に課された義務のことである。本法第7条は、それを明確に示している。

　「被雇用者は、被雇用者自身と被雇用者の職務上の行為や不作為によって影響を受ける他の人の保健と安全について、合理的に配慮（reasonable care）する義務を有する」

　個人や会社、全国規模の産業界や地方自治体といった団体組織によってなされた本法の違反に関する第37条は、特に興味深い。すなわち、組織による違反であっても、それが組織の長、マネージャー、秘書や他の管理職の同意や黙認、もしくは過失でそれがなされた場合、彼らも同罪であり、当該組織と同様、彼らも訴追することができる。本法による個人の訴追は稀ではあるが、マネージャーや他の人の存在とその個人としての関わりをうやむやにしないことは、非常に大切なことである。

　本法において、雇用者と被雇用者間の責任バランスをどう考えるかは、非常に重要である。働く人たちが、職場安全ルールを無視したり、示された手順に従わなかったり、例えば、怪我を負わせるような仕事中の冗談や悪ふざけで自己や他者を危険な目に合わせたりしたのでは、せっかく雇用者が職場の安全の向上に努力したとしてもそれは無駄となる。同様に、被雇用者が、職場の安全の向上に努めようとする場合、雇用者の熱意と支援がなければ、彼らのそれを行う能力は、非常に限られたものになろう。

　職場保健安全法の一般的義務の幾つかは、1992年職場保健安全管理規則によって、補われてきた。本規則は、雇用者に職務活動の体系的で全般的な点検を行うこと、さらに重要なアセスメント結果の記録を取ることを求めている。レビュー（評価）は、定期的に行なわねばならないし、それは標準的な管理行為の一部であるべきである。

　職場の安全対策を進展させる動機は、何も法的な責任や強制された義務だけではない。職場での暴力に伴う個人的、組織的なコストもその動機となる。ワーカーへの攻撃や傷害は、傷そのものによる欠勤や心理的ダメージによる鬱、不眠、広場恐怖やパニックをもたらすであろう。雇用者は、訴訟費用や保険料の高騰をもたらす保険問題に直面するかもしれない。そして、攻撃は、組織自身にとっても、悪い評判をもたらすことになるかもしれない。

　被雇用者は、自信の喪失、不安やストレスによって、仕事の出来に悪影響を受けよう。また仕事のある側面に恐怖をいだきかねなくなる。

　暴力の形態がどのようなものであれ、また身体的傷害をもたらすか否かにか

かわらず、暴力は、働く人たちに深刻な悪影響を与えるであろう。次にその悪影響の例をあげよう。

- 重度の不安
- ストレス関連の疾病
- 欠勤と代替措置の必要
- モラールの低下
- 転職の増加
- 低生産性
- 低い仕事満足度
- 被雇用者の熱意の低下
- 労働争議や労使関係の不全
- スタッフの採用と勤続維持の困難

　ソーシャルワークのサービスに限っていうと、さらに考慮に入れなくてはならない要素がある。その本質からして、ソーシャルワークは、問題解決と苦しみの軽減を目標にしている。すなわち、雇用者も個々のソーシャルワーカーも暴力のリスクを心に留めおくとともに、ワーカーとクライエントが安全だと感じる組織的で安全な形で、クライエントを支援し得る仕組みを発展させる責任を有する。それに失敗し、暴力をもたらすことは、その機関が提供するサービスの質のひとつの反映である。

　暴力が普通のような状況下では、暴力を仕事の一環として受容してしまう傾向が見られる。ソーシャルワーカーは、多くのクライエントが置かれている状況下のストレスを理解するうち、自らフラストレーションを感じたり、援助する気力を喪失したりすることが多い。研究によって、暴力事件の発生をその職業につきもののことだとして、暴力事件を管理部門、組合や警察に報告しない傾向が明らかにされている。これは、2つの意味から危険である。すなわち、まず、ワーカーと組織に大変深刻な結果をもたらしかねない問題を無視するこ

とになる。また、報告がないため、この問題から直接被害を受けることが少ない管理職や他の人たちは、ますますこの問題を無視しがちになることである。

　雇用者と被雇用者に明確な義務が課されているにもかかわらず、多くの職場が、職場の暴力問題に取り組む体制をあまり取っていない。全くその対策が取られていない職場も幾つかある。

　労働調査局の交渉報告書は、次のことを明らかにしている。

- 実際に暴力事件が起きた職場の45％しか、暴力事件をチェックするシステムを作っていない。
- 67％の職場が、近年、暴力と虐待のレベルが高くなっていると感じている。
- 虐待や暴力に対処する際に全責任を負う人を配置する管理システムを有しているのは、職場の31％しかない。
- 86％の職場が、管理部門は、虐待や暴力の危険にさらされているスタッフの保健と安全にもっと責任をもつべきだと感じている。
- 調査された職場の69％が実際に暴力を経験しているのにかかわらず、その問題に対して労働争議を起こしたのは11％に過ぎない。[1]

　保健安全庁のブックレット『スタッフへの暴力の予防』は、職場での暴力問題に取り組む最善の方法は、雇用者と被雇用者が、行動計画に従って協力し合うことであると指摘している。[2]

　その行動計画は、以下の7段階から成り、それぞれの段階の要点を示す。

- **第1段階：問題はないか注意すること**
  - 雇用者は、問題はないと考えがちである。被雇用者は、そう感じていないかもしれない。
  - 問題を発見する最も簡単な方法は、スタッフにインフォーマルに、またアンケート用紙を用いたフォーマルなやり方で聞いてみることである。
  - スタッフへの調査結果をスタッフに伝えること。問題があった場合、それを

雇用者も把握している。もし問題がなかった場合、根拠のない恐れは、解消
されるであろう。

－調査によって、問題がないとしても、物事は常に変化する。時間を追って、
チェックすることが賢明である。

● **第2段階：事件を記録すること**

－記録を取ることは、問題の全体像を描くうえで役立つ。必要な詳細情報は、
簡単な方法を用いて集められる。すなわち、何が、いつ、どこで、誰に、を
明らかにする。

－被雇用者は、暴力を自己の職務の一環だと受け止めている場合、またその報
告が自己にとって不利益をもたらすと感じている場合、暴力事件を記録しな
いかもしれない。報告システムを整え、その問題に対処するために報告は必
要であるということを伝えることによって、報告が促進されよう。

● **第3段階：事件の分類**

－報告システムは、事件の場所、回数、深刻度、性格と結果の詳細を集めるた
めにすべての事件を分類しなければならない。

－分類は、特定の事件が起きる地域や仕事の種類、事件のパターン、ある事件
の原因を特定する際に役立つとともに、その問題に対処するステップを絞る
際にも役立つであろう。

－用いられる分類は、ニーズによるであろう。傷害致死、重度傷害、病院治療
や救急対応が必要な傷害や、仕事を休む傷害といった分類は、分類しやす
い。精神的ショック、脅かされている感じ、カウンセリングが必要な状態や
休職といった状況の分類は、分類しにくいであろう。ある分類を用いる人
は、その分類方法を理解すべきであり、その分類方法をみだりに変更しない。

● **第4段階：予防手段の探求**

－適切な予防策を見つけ出すことは、必ずしもこの問題の既成の問題解決策を
選ぶことを意味するのではない。大切なことは、問題は何かを明確にし、あ
る環境で起きる問題に打ち勝つ方法を工夫することである。

－リスクのある場で仕事をしている被雇用者は、アイデアの宝庫であり、また

46

適切な手続きを有する同じような組織、保健安全スペシャリストや警察、安全アドバイザーもまた同様である。

—雇用者と被雇用者は、手続きと職務実践の改革を求める解決策についてオープンであることが大切である。時にそのような解決策は、あまり効果がないと見なされることがあるが、長い目で見れば、費用対効果があることが証明されている。

●第5段階：何を行うべきかの決定

—被雇用者を予防策の作成とその実行にもっと積極的に関わらせるようにすべきである。多くの場合、組合の代表者と保健安全担当者は、取られるべき予防策を知っている。

—予防策の混合使用を最善のものにするには、被雇用者へのリスクと、その予防策が、暴力の可能性を増幅しかねない公衆とクライエントに及ぼす副作用とのバランスを取ることである。

●第6段階：予防策の実行

—どのような予防策が決定されようと、それは、すべての被雇用者の目に入るように、組織の保健・安全宣言に明記されるべきである。手続きに従ったり、事件の報告を行う際、協働作業が推奨される。

●第7段階：予防策のチェック

——旦、予防策が実行に移されたなら、それがどのように機能しているかチェックすることが重要である。

—そのチェック方法には様々な方法がある。例えば、事件の件数とタイプ、事件の報告のレベル、被雇用者のその状況に対する気持ちの変化を比較すること。

—多くの場合、共同管理や労働組合委員会は、予防策のモニタリングの効果的な方法である。

—もし予防策がうまくいっているのなら、それを継続すること。

—もし予防策がうまくいっていないのなら、問題点を明らかにして別のやり方を探ることが必要となろう。

　もちろん、これらの諸段階は、政策の中で具体化されるものである。それに
ついては、第7章で取り上げる。

参考文献・資料

(1) Labour Research Department (1987), *Assaults on Staff- Bargaining Report*, London: LRD, July, pp. 5-12.
(2) Health and Safety Executive (1988), *Preventing Violence to Staff*, London: HMSO.

第6章
ソーシャルワーク現場
における安全

　一旦、雇用者と被雇用者は、職務遂行に当たって安全を意識する義務があること、そして職場の暴力に対処しなければ、深刻なコストを被る可能性があるという認識を持つと、多くの組織は、その問題に取り組むために、積極的な手段を取り始める。

第1節　リスクの発見

　最初のステップとして、リスクを明確にしなければならない。ほとんどすべての仕事は、通勤─職場─通勤で成り立っている。また、出張時のリスクもある。職務中に職場に押し入られる可能性がある。（同僚も含む）人との接触がもたらすリスクのない孤立した中で働いている人はほとんどいない。

　ある種の職業では、暴力を受けるリスクが高いことが知られている。保健安全庁は、それらの職種を以下のように分類している。

- **サービス提供**：給付事務所、住宅局
- **ケア関係**：看護師、ソーシャルワーカー、コミュニティケアのスタッフ
- **教育関係**：教師、非教育スタッフ

- **金銭を取り扱う職種**：郵便局員、銀行員、商店員、ビル協会、バスの運転手や車掌
- **配達・集金関係**：牛乳配達、郵便配達、賃料集金人
- **保安関係**：受付係、警備員、交通整理員
- **検査関係**：ビル調査員、計画担当者[1]

　ソーシャルワークの現場で働くスタッフが、これらの分類のひとつ以上に該当することは明白である。彼らは、職場や地域で幅広いサービスを提供している。しかも、彼らの仕事には、社会管理（social control）という側面がある。彼らとその雇用組織は、暴力をモニターし、管理し、予防することを可能にする敏感で実際的なアプローチのもと、協働する必要がある。

　仕事上、一般公衆と直接接するあらゆる人々は、暴力を避け、予防する必要性に気づかねばならない。そして、もし暴力が起きた場合、それに対処できるように適切に用意ができていなければならない。ソーシャルワーカーにとって、ある状況が特に暴力のリスクをもたらすことをよく知っておく必要がある。そのリスクを少なくするためにその状況は、注意深く設定される必要があろう。その幾つかの例をあげよう。

- **1983年精神保健法に基づくアセスメント**：精神保健アセスメント、それに続く精神保健現場の仕事は、暴力に巻き込まれる可能性を有している。Rowettは、その研究において、最も現場のソーシャルワーカーに攻撃を向けがちなクライエントは、精神病と考えられる人たちであるという。[2]
- **児童保護**：身体的、性的、心理的虐待のリスクがあると考えられる児童を保護するために介入する決定は、家庭生活への重大な侵害を表している。子どもをケアし保護する親の能力が疑問視され、時には子どもを引き離されるような場合には、子どもの親に怒り、拒否や罪の感情がもたらされることもあるだろう。子どもの親は、ソーシャルワーカーを家族や家庭の破壊者と見なしがちである。Craneは、保育所所長への暴力を取り上げている。それは、所長がケア

命令の取り消し手続きの証人として待機している時に起きたものである。[3]

- **児童の引き離し**：ソーシャルワーカーが、緊急保護命令によって、児童を引き離す義務を有する場合、それを行うやり方について、非常に慎重な熟慮が必要である。また、その際、複数のワーカーでの実施を考慮する方が良いであろう。

- **夫婦問題**：離婚問題、特に子どもの養育、接触の方法といった子どもへの関わりは、当事者にとって大変辛い問題に直面することを意味しよう。そこでは、例えば、子どもの将来の養育を巡って争いがある場合、ソーシャルワーカーや保護観察官が「一方の肩」をもっているように見えれば、彼は飛び火した怒りの受け手となるかもしれない。

- **家計支援給付の拒否**：ソーシャルワーカーは、幅広く、低所得者、すなわち家計問題で深刻な不安を抱きながら暮らしている人を対象としている。理由は何であれ、給付申請が拒否された場合、そこには怒りや暴力をもたらすフラストレーションや失望のリスクがある。

- **移送**：例えば、ソーシャルワーカーが警察署から裁判所に人を移送する際、再び暴力が起きる可能性があり、出廷拒否や出廷が遅れる場合もある。Brown、ButeとFordの研究によると、現場のソーシャルワーカーへの攻撃の11％は、自動車内で起きている[4]。ソーシャルワーカーとライン・マネージャーは、付き添いのリスクをアセスメントする必要があろう。そして、そうすることが適切な場合、付き添いに同僚やボランティアを同行させることも必要であろう。

- **暴力歴のある犯罪者への対応**：保護観察官は、暴力犯として有罪の判決を受けた人と定期的に関わりをもつ。その関わりが、オフィス、家や裁判所といった公的建物内のいずれで行われようとも、ある程度のリスクが存在すること、そのため暴力が起きる可能性を少なくする手段を取ることを心得ておかねばならない。重大な犯罪を犯した人たちへの関わりに配慮して、様々な保護観察機関が、特別にスタッフ用のガイドラインを作成している。その中身として、追加のスーパービジョンと特に重大な犯罪者へのスーパービジョンにたずさわるスタッフへの支援などがあげられる。

- **教育福祉事業**：今後ますます教育福祉担当者は、親と学校の間にあって、敵対

的で、コミュニケーション不能な家庭に関わっていくことになろう。家庭訪問、色々な場所での親や生徒との面談には、何らかの暴力のリスクがあることを考慮すべきである。学校からの依頼で、きゅうきょ訪問しなければならない場合は、居場所を知らせるために携帯電話を用意しておくべきである。

- **依存症の人への関わり**：薬物依存、アルコール依存や薬物乱用に関わる分野の仕事は、依存症行動やコントロール不能に伴う特別なリスクにさらされながら行われる。依存症の人は、普段は冷静なのに薬物やアルコールを使用したり、またそれが手に入れられないと、突然、コントロール不能になることがある。

- **入所施設でのソーシャルワーク**：様々な研究から、入所施設やデイケアのワーカーは、フィールドのワーカーよりもかなり高い攻撃リスクにさらされているといわれている。入所施設ワーカーは、攻撃的な青年に、評価を受ける対象者に、また情報が限られた人に関わっているかもしれない。第11章で、入所施設に関わる特殊な問題について考察するとともに、入所者や訪問者の暴力を予見し、それに対処する方法を学ぶ。

- **救急対応**：救急対応や非常時・時間外対応は、特にリスクが高くなる。ワーカーは、緊急時にクライエントに対処するよう呼び出されるが、暴力の可能性を評価するための情報が、ほとんどないか、全くないのである。同僚や他の機関からの援助依頼要請がある場合、明確なガイドラインが必要となろう。

- **新規送致**：ソーシャルワークへの送致や関係するサービスへ送致する際には、詳しい情報が必要である。過去の攻撃や身体的暴力の例や暴力を引き起こしやすい要因については、入念に記録されねばならない。この情報は、ケースの分担と管理を決める際に、考慮されるべきものであろう。

　スタッフの気づきを高める訓練や暴力を避けることを目的にしたガイドラインは、ともに危険な状況を察し、その状況を軽減するという個人のニーズに焦点を当てるうえで役立つであろう。このようなメッセージがあまり強調され過ぎると、問題が起きた場合、当のワーカーは、途方に暮れる。ワーカーは、確かにリスク・アセスメントの訓練や暴力への対処法を必要としているのである

が、普遍的な防止策を提供してくれる訓練は存在しないことを知っておくことが大切である。また訓練のみが唯一の解決策でもない。効果的であるためには、その安全戦略が、安全政策の発展、ガイドラインの作成やソーシャルワーカーとライン管理職の訓練において、組織がスタッフに関わるという責任を受け入れるよう求めているかにかかっている。

　危険度が高まっていると認められる場合、上記の項目にさらに特別な注意が払われねばならない。ソーシャルワーカーが、支持的で彼らのニーズに対応してくれるマネジメントに頼ることができるという自信をもてることが必要である。暴力を受けた人を責めたり、ヘマをした人、未熟な人とラベルを貼る傾向は、声なき恐怖や、救いようのない過少申告を招くことになろう。

　成功する安全戦略とは、仕事のあらゆる側面とスタッフのあらゆるレベルに影響をもつ全体的（holistic）アプローチである。それは、先を見越して、先手を打ち、リスクに対応し、それをうまく取り扱う方法を取れることである。すなわち、機敏に反応し、経験から学び、安全への施策と実践についてオープンな議論やディベートを促進させることである。

個人の安全に関する監査的調査

　問題が疑われる場合、それを明らかにしたり、職場リスクを発見する方法のひとつが、監査的調査である。それは、詳細で、体系的で、公的な調査である。監査的調査は、「何が」行われているかだけでなく、「どのように」行われているかを調べるものである。すなわち、問題が頻繁に起きている職場に対して行われる。監査的調査は、「公的」な調査である。つまり、組織がその実施に前向きであり、調査結果に対応する意欲を有していることを意味する。その調査は、被雇用者たちに気づきと期待を引き起こすであろう。すなわち、大事なことは、その調査結果に応じて、実際に対策が実行されることである。

　ある組織を丸ごと調査する試みは、不可能な試みである。特に、規模が大きく様々な種類の仕事を行っている場所や部局がある組織の場合、困難である。場所ごとの、また部局ごとの調査は、多大な調整作業が必要である。そこで、

場所や部局に特有な問題や、特定の活動に伴った問題を明らかにすることが役に立つ。とはいっても、もちろん、共通する問題を明らかにし、それを取り扱っても良いであろう。

　調査すべき項目に、アクセスの問題がある。アクセスにどのような制約があり、スタッフは呼び出しに応じる手段をもっているか否かを明らかにする必要がある。スタッフがどの程度、離れた環境で仕事をしているかを調べるとともに、既に起きている問題と、スタッフが離れて働くことを心配しているか否かを考慮に入れるべきである。受付では、訪問者を受け付ける環境をはじめ、念入りに調査されるべきである。例えば、アクセスの管理とスタッフの安全確保の工夫とともに、相手を歓迎するフレンドリーな環境になっているか？ 待たされるのか？ 迅速に対応してもらっているのか？ 働く場所が、孤立した場所なのか？ 金銭の搬送に問題はあるか？ 照明は、十分明るいか？ 金銭を扱う際の安全対策はあるのか？

　フィールドと施設で働く多くのソーシャルワーカーは、遅くまで、また夜に勤務するように求められる。スタッフの中には、帰宅手段の安全に配慮が必要な人もいるであろうし、駐車場の安全、特に夜間の安全のチェックが必要であろう。

　暴力事件を減らす最善の方法を考える際に考慮に入れるべき他の要因がある。それは、二次的な職務として提供されるソーシャルワーク・サービスに関係している。この場合、個々のソーシャルワーカーは、現行の安全手続きをよく知り、「主要な」職務の方針と実践に合意する際に上司の参加を求めるべきであろう。

　刑務所の福祉の一環として、また個人の一貫したケア・プランにかかわる刑務所で働く保護観察官は、所属機関の安全政策と手続きと現在働いてる機関のそれとの齟齬に直面するかもしれない。同様に、ソーシャル・サービス・スタッフのために合意された安全手続きは、病院や入所施設のそれと相違するかもしれない。監査的調査は、二次的な職場で働くことに関わる特殊な問題を考慮すべきである。さらに、家庭訪問の仕方の問題と、リスクを感じた場合の電話

のかけ方、計画の変更や延期の仕方の手続きがあるか否かという問題に着目する必要がある。

　多くのソーシャルワーカーが、その職務上、外勤を行う。外勤管理のレビューには、外勤の方法、車が故障した場合の対応策、そして暴力が起きた場合の詳細を提供すべきである。

　安全の監査的調査は、家であろうとオフィスのいずれの環境であろうと、サービスを受ける人もまた考慮すべきである。ソーシャルワーク・サービスを利用する人は、気に病み、混乱し、苛立ち、怒りをもつことが多い傾向にある。中には、過去に攻撃行為を行った人もいる。

　監査的調査を行う前に、必要とする情報を明確にすることが重要である。調査は、単独かもしくは複数の部局を対象にするのか？ 特定のスタッフのみを対象にするのか？ 特定の仕事を行う被雇用者に限るのか？ について、明らかにすること。ソーシャルワーカーの職場の暴力問題に対する気持ちや態度、さらに安全手続きに対するスタッフの関心度の情報を集めることが役立つ。実際に行われた暴力事例の情報も必要であろう。

【調査方法】

　調査方法には、「はい・いいえ」での回答、得点（スコア）、チェックリスト上の選択回答といった「堅い」(hard) データの収集がある。例えば、暴力事例の件数、リスクを感じている人の割合、最も危険な状況と認識される状況のランキングがあげられる。この種のデータは、収集と数量化が容易である。

　他の方法は、数量化は難しいが、スタッフの考え方、意見や体験談の全体像を描くうえで役立つ情報を得ることができる。用いられている手続きの記述やその改善の個人的意見が、この種の調査方法としてあげられる。

　より簡単に情報を集めたい場合、より使いやすい方法がある。要は、簡便さと有益な情報収集のバランスを取ることである。あまりにも情報が多いと、それを効果的に取り扱うことが困難になり、また調査結果の分析や公表に際して資源が必要になってくることを忘れてはならない。最初に、その調査を行うの

に十分な資源を確保できるのか、またその実施に際して現実的なタイムスケジュールが組めるのかが、大切である。

　簡単で明白な方法は、既に収集し分析された既存の情報を利用することである。基礎的な仕事を行う時間を確保するためにそれは価値のあることである。なぜなら、それは扱いやすい形で調査から必要とするものを正確に得ることができ、また時間の節約になるからである。

　情報収集の方法として、質問紙法、観察、構造化面接、ワーキング・グループや外部コンサルタントがあげられる。これらの方法の詳細は、本章の最後で触れられよう。それらの方法は、網羅的なものではなく、安全に関するその調査の枠内で役立つものである。

　他の効果的な方法は、以下の通りである。

　●提案箱

　●スーパーバイザーや管理職が参加したミーティング

　●スタッフや部局のミーティング

　●見解、アイデア、問題、意見等の書き出し

　●安全やスタッフ全般に関する公開フォーラム

　●異なる実践を行っている他の職場の見学

　完全な方法はないこと、また求める情報がすべて正確に手に入るわけではないことを忘れないようにすべきである。どの方法が、またどの方法の組み合わせが選ばれようとも、何が行われているか、またその理由に注目し、できる限り関わりをもつようにしなければならない。また調査の結果は、できるだけ速やかに活用されねばならない。

　ソーシャルワーク機関は、情報収集と管理のスキルや経験をもったスタッフを有しているであろう。もし有していなければ、またスタッフが手一杯の状態なら、調査を行うに際して外部の手助けを求める必要があるかもしれない。そうすることによって、スタッフの不安は軽減し、率直でオープンな雰囲気が醸

成されるであろう。すなわち、管理者は、その調査結果に対する外部評価をより積極的に受け入れるようになるであろう。外部から調査が行われることが決まった場合、既存のまたは特別に編成された管理者とスタッフの共同グループが、その調査に協力することになろう。そうすることによって、その調査の過程と結果に貢献し、協力し、参加することが保障されると考えられる。

　最後に、調査結果は、できるだけ速やかに活かさねばならない。が、直ちに動き出すことにリスクがある場合もあるかもしれない。その場合、スタッフの参加を保障するような取り組みが必要である。もっと込み入った問題に対しては、時間が必要となろう。すなわち、取り組まれている事柄をスタッフが知るために、スタッフがその進展状況に関われるようにすることが重要である。

第2節 ┃ 調査方法のガイダンス

　調査方法を選ぶに当たって、選択する前にしばらく時間を取って、次の質問に答えることが賢明である。それによって、それぞれの環境に合った効果的で、受け入れやすく、扱いやすい方法を明らかにできるであろう。

どのような情報が欲しいのか？

- 組織全体、ひとつか幾つかの部局、セクション、リスクにさらされていると思われるスタッフ、特定の職務や仕事に携わる被雇用者のどの情報を求めているのか？
- 職場の暴力問題に対する人々の感情や態度の情報を集めたいのか？ 安全対策のギャップを明らかにしたいのか？ 安全手続きに対するスタッフの気づきのレベルを確かめたいのか？ 実際に起きた暴力事件のデータを集めたいのか？

どのような形態の情報を得たいのか？

- 「ハード・データ」と呼ばれる情報形態がある。「はい・いいえ」、得点（スコ

ア）、チェックリストからの選択、表にチェックを入れる等である。数値化されたデータやそれを基にした割合のような情報である。

● 数量化が非常に難しい情報を生みだす方法がある。見解や意見、体験談は、質問に対する回答の選択肢に制限が設けられていないため、回答者が自己流に答えてしまい、無限に多様な回答が出る可能性がある。

● 暴力事件の件数、リスクを感じる人の割合や被雇用者が考える危険業務のランキングのような数量化情報を求めているのか？

● 使用されている手続きの内容、暴力事件やそれに近い経験をもつ人の証言、安全でない行為や改善の仕方についての個人の見解といった情報を求めているのか？

● 収集する情報が簡潔であればあるほど、使いやすいであろう。調査がいかに簡潔であっても、それで必要な情報が得られるとは限らない。

どれぐらいの情報を収集すべきか？

● 1回の作業でできるだけ多くの情報を集めようとする傾向がある。しかしながら、それぞれの情報のどれくらいを効果的に処理できるのか？ それを分析しようとする際、何らかの手助けが必要となるだろうか？ 情報を分析し、公表する際、どのような経験をするであろうか？ 利用できそうにない情報を集めても、それは時間の無駄である。

● 当該組織には、どのようなレベルの熱意と資源があるのか？ 熱意や資源がないにもかかわらず、能力以上の情報を集めることもまた、時間の無駄である。それは、満足し得ない期待をふくらませ、問題を引き起こすかもしれない。

● どのようなタイムスケジュールに則って作業し、実際に何が達成されるのか？

誰が調査を行うのか？

● 誰が、情報収集のスキルと経験をもち、管理を行うのか？ 外部の支援を考えているのか？ それは可能か？

● 管理者が調査を実施する場合、スタッフは、オープンで正直で、必要があれば批判でき、また理解や自信がないことをすすんで言えると、思えるか？ 調査結

果は、信頼性があるものとして誰に対しても通用するか？

●スタッフの代表者が調査する場合、管理者は、保留なくその調査結果を受け入れられるか？

●既存の、または新たに作られた管理者とスタッフの共同グループが、調査実施の責任を担えないであろうか？　このやり方が、多くの場合、貢献、協力と調査過程と結果に対する熱意を保障する最善の方法といわれている。

　調査は、複雑で長期に渡るべきではない。すなわち、多くの場合、簡潔なアプローチが、分析しやすく解決に結び付く情報を生み出すのである。多くの物事と同様、調査の準備が、以後の作業と収集された情報の利用をより容易にする。基礎を固めるために計画段階に時間をかけることには価値がある。というのは、それによって、扱いやすい形で調査から得たいものを正確に知る機会が増えるため、時間の節約になるからである。

　情報収集のための幾つかの方法を、それらを用いる際のガイドラインとその特徴とともに、以下に取り上げる。

質問紙法

●調査の対象者を決める。

●どのような情報を集めたいのかを明確にし、それに応じて質問を作成する。

●できるだけ簡潔を旨に行う。

●質問紙の作成、実施と分析を行う人とその役割を決める。

●手に余ることのない利用可能な情報のみを集める。

●質問紙法は、多人数の人から情報を集めるのに大変適した方法である。

●調査対象者が調査目的を理解し、調査過程に積極的に関わろうとしなければ、回答率は非常に低くなるであろう。

●質問紙法では、その質問の方法が、閉じられた質問、「はい・いいえ」で答える質問、回答欄にチェックを入れる方式、選択肢法、スコア方式かにかかわらず、数量化でき、取り扱いがかなり容易なデータを得ることができる。

- 開かれた質問で、見解、意見、示唆や説明を尋ねる場合、より体験的な情報や個別的で特有な回答が寄せられるであろう。その情報は、分析や整理が困難で、そこから結論を導くことは難しいであろう。

- 回答は匿名なのかそうでないのかを考慮すること。匿名なら、回答者はオープンで正直であろうと思われるかもしれない。他方、調査結果を役立たせたければ、回答者、所属、仕事の種類等を明らかにしなければならないかもしれない。

- ある程度の匿名性を保障することや、回答が役立つとする説明をすることで、回答率やオープン性の向上に役立つであろう。

- すべての人が同じレベルのリテラシー・スキルを有しているわけではないので、質問紙の言葉使いや構成に際しては、そのことを考慮に入れるべきである。

- （例えば、特定のスタッフたち、特定の仕事に携わる人たち、特定の部局といったように）対象者を限れば限るほど、質問は特定することになり、またある側面が特に調査されることになろう。

- 質問紙法は、数多くの対象者から比較的容易に短時間に情報を集める手段である。その反面、それが間違ったやり方で作成されると、混乱を来たし、処理不能のランダムなデータをもたらし、意図した情報の提供に失敗するであろう。もし、質問紙作成に当たって何か疑問をもった場合、専門家の手助けを求めるのが賢明である。

- 時間と労力を質問紙の完成につぎ込むように依頼された人たちは、できるだけ早くその調査結果を知りたいであろう。収集、整理、分析と結果の過程をスケジュール化し、いつ、どのように、誰にその調査結果を知らせるのかをあらかじめ同意しておくこと。

観察法

- 働いている人や、働いている過程や手続きを観察することは、仕事をしている人が慣れてしまってそうとは気が付かないリスクを防ぐうえで効果的な方法である。

- どのような情報が欲しいのかを決める。

- 観察者を誰（例えば、マネージャー、スーパーバイザー、マネージャーとスタッフの協働チーム、コンサルタント）にするのかに合意する。

- 何を観察し、どのように記録するのかについて、観察者に説明するための簡単なマニュアルを準備する。

- 提供される情報が、色々な観察者から比較され、また扱いやすくするために、結果の記録は、一定不変でなければならない。

- 人は観察されている場合、日頃やっていることを止めたり、違ったやり方をすることがある。つまり、観察者はそこにいるだけで影響を与え得る。

- もし信頼できるデータを取るために人や仕事を部局ごとに比較観察をする場合、観察法は時間と費用がかかるであろう。

- 観察されるスタッフは、観察の目的をはっきりと知らされていなければならない。すなわち、どのような情報が利用されるのか、それが誰にどのように利用されるのか、守秘義務はどのように履行されるのか等を知らせるべきである。そうしないと、スタッフは、協力する気をなくすかもしれない。

- 課題に適切に対処できるように、観察者はその結果を誰にどのような形で報告するのかを最初に決めておく。

- 観察結果は、どの程度、一般に公開すべきかを決める。

- もし外部のコンサルタントが観察する場合、その組織との親密度と組織への影響力は、客観的にどの程度あるのか示すべきである。

- コンサルタントが、独立し、専門性を有し、共通の信念をもつようにすれば、コンサルタントは、よりスタッフや管理者から観察者として受け入れられよう。

- あえてスタッフのことを知らない外部観察者を用いることもまた、ひとつの考え方である。これは確かに有利な面もあるが、オープン性と参加度に関して、多くの問題も有している。

構造化面接

- 構造化された面接は、それがうまく行われると、質問者も回答者も共にベストな方法といえるであろう。すなわち、あらかじめ合意された質問と記録方式を

用いて、情報を統制した形で一問一答形式で行う。

- すべての調査方法についていえることであるが、求められる情報とその形式を明確にすることが重要である。

- 構造化された面接は、「閉じられた」ものである。面接者は、選択肢にチェックを入れる、問答を繰り返す、リストにアンダーラインを引く等を行う。面接者に課せられた課題が複雑な場合、質問が「オープン」になることもあり得る。この場合、その質問に関係したキーポイント、事実、感情、見解や他の情報をピックアップすることが役立つ。「オープン」な質問であっても、その範囲と種類を限定すれば、記録が容易になる。

- 人に面接することは、問題、被面接者が感じているリスク、恐怖や懸念、経験を「顕わにする」うえで良い方法であり、また実践に関わる詳しい情報を得る際にも良い方法である。

- 面接は、それをうまくやるには、大変時間がかかるであろう。

- 構造化された面接は、それがあらかじめ定められた質問と記録方法によって構成されているため、面接者にスキルがない場合、機械的になる場合がある。

- 注意深く構成された記録過程は、注意深く構成された質問と同様に大切である。その面接から、不変的で正確で扱い易いデータを取れるからである。

- 構造化された面接と記録過程は、面接者の客観性を保障するうえで役立つ。

- 誰が面接するのかを決めること。面接者は、スキルを有するか、もしくは訓練を受けることが必要であり、被面接者だけでなく、彼らが提供する情報や結果を用いる人々にも受け入れられる必要がある。

- 構造化された面接の同意と構成作業を被雇用者の代表者と共同で行えば、調査結果の受容や協働が容易に行えるようになろう。

- 被雇用者に対して、構造化面接の過程、その目的とそれを行う際の彼らの役割について、説明しなければならない。

- 面接者と被面接者に対して、収集された情報の伝達方法と伝達先を明らかにする必要がある。また、守秘義務の履行方法も彼らに明らかにしなければならない。

- カセット・レコーダーを用いて面接の録音がなされることもあるだろう。しかし録音されることを嫌がる人もいるであろう。また、分析のために録音された内容をまた聞かなくてはならなくなるであろう。
- 集団に対する構造化面接は、一度にある範囲の見解を集めることができるが、非常に熟練した面接者や洗練された記録技術を用いたり、使いこなすことは困難である。
- 利用し易く有用な情報を得ようとするのなら、構造化面接の計画と作成に時間をかけるべきである。
- 構造化面接を作成できる専門性をその組織が有していない場合、外部の支援を求めたり、適切な専門性を備えたコンサルタントの採用を考慮すべきである。

ワーキング・グループ

- リスクや問題を発見するためのグループ・アプローチは、大変うまく機能するだろう。マネージャー、スタッフ代表者、特定の分野や職務を担当する人、安全担当者等、様々な人が参加することによって、取り組むべき多様な見方がもたらされるからである。しかし、そのグループがあまりに大きいと、管理ができなくなるであろう。
- ワーキング・グループは、委任事項、明白に定義された任務、役割と権能、グループワークを行うための資源と日程を明確にする必要があろう。
- グループは、最終結果として、グループに期待されるものは何なのかを明確にする必要がある。つまり、その任務を適切に遂行するために、どのような形で、誰のために、どのように利用されるのかを明らかにする。
- 最初から、グループの出した結果の位置づけを明確にしておくことが重要である。
- どのワーキング・グループにもいえることであるが、「おしゃべり会」や「長々と続く会」になる危険性がある。それを避けるために、できる限り、限られた課題とタイムスケジュールの設定に努力し時間をかけるべきである。
- 被雇用者が、何が行われ、グループがなぜ、またどのように活動しているの

か、グループの活動にどのように貢献すべきかを知るために、ワーキング・グループの情報は、被雇用者に伝えられるべきである。

● ワーキング・グループは、調査に当たって、様々な方法を採用する。そのため、様々な方法で集められた情報をどのように結び合わせるのかを明確にする必要があろう。

● ワーキング・グループは、多彩なメンバーから成り立ち、その多彩なスキル、経験、親密性や代表性によって、様々な被雇用者に受け入れられやすい。すなわち課題は、最も良い結果が得られそうな人に割り当てられよう。

● ワーキング・グループが、代表者から成り立っている場合、より一般的に受容性が高まるであろう。というのは、それぞれの意見が反映されると感じるからである。さらに、代表者グループの結論は、一般に「自分たちのもの」（owned）と見なされよう。それは、それ以外のグループよりも主体性が高い。

● ワーキング・グループは、被雇用者の信頼を得る必要があろう。そのためには、その役割と業務、結果の使われ方と守秘義務等の問題への対処法を説明できなくてはならない。

● 結果の伝達は、被雇用者とのコミュニケーションとして、その業務の一環として、あらかじめ計画に入れておかねばならない。

コンサルタント

● 必要とする特別なスキルをもった人、例えば、安全問題の専門家や専門的調査者を選ぶことが可能な場合、その調査を行うコンサルタントを利用することは、有益であろう。

● コンサルタントの利用は、適切に管理ができれば、時間短縮と費用対効果で優れていよう。なぜなら、コンサルタントは、ほとんどの被雇用者がもたない時間と注意力を集中できるからである。すなわち、被雇用者を利用するよりも費用がかからずにすむであろう。

● コンサルタントを選ぶ場合、その職務にとって適切な人を選ぶ必要がある。
　―履歴と経験をチェックする

　　　―用いられる手法は、受容できるものか確認する

　　　―スケジュールに見合っている

　　　―必要な支援と資源を提供できる

　　　―費用対効果にかなっているか確認する

　　　―職務のやり方がその組織に合っている

●簡潔に十分かつ適切にコンサルタントに指示する。何を達成したいのかを明確にすること。以下にその指示内容について述べる。

　　　―コンサルタントに達成してもらいたいこと。その課題、問題、ニーズ等を正確に示すこと。

　　　―委任事項

　　　―必要とする結果とその形式

　　　―結果の取り扱い

　　　―タイムスケジュール

　　　―コンサルタントに対する支援内容

　　　―本事業の管理者、報告する相手、報告の内容と方法

　　　―コンサルタントが利用できる資源

　　　―コンサルタントに望むことと関わり方

　　　―守秘義務等の取りあつかい方

　コンサルタントと協働する際には、正式な契約を行うことが好ましいのはいうまでもない。その場合の注意事項を以下に述べる。

●コンサルタント、その職務と役割について被雇用者に伝えることが必須である。そうしないと、被雇用者は、コンサルタントを「管理者側のスパイ」と見なすかもしれず、十分に協力することができないと思うかもしれない。

●被雇用者やその代表者との共同フォーラムで任務とコンサルタントについて合意することが重要である。そのうえで、コンサルタントは、その共同グループのために働くのである。

● コンサルタントに調査責任を「丸投げする」ことに注意すべきである。その調査が有意義で、自己のためではなく、あなたのための仕事となるよう、コンサルタントは、あなたに関わるべきである。

● コンサルタントによって明らかにされた問題や課題は、その組織の責任であることを忘れてはならない。そして、コンサルタントが明らかにしたことにどのように対処するのかを決めなくてはならないであろう。

● コンサルタントが明らかにしたことをどのように伝えるのか、その方法をあらかじめ決めておく必要があろう。

参考文献・資料

(1) Health and Safety Executive (1988), *Preventing Violence to Staff*, London: HMSO.
(2) Rowett, C. (1986), *Violence in Social Work*, Cambridge: Institute of Criminology.
(3) Crane, D. (1986), 'Violence on Social Workers', *Social Work Today*, Social Work Monographs, Colchester: University of East Anglia.
(4) Brown, R., Bute, S. and Ford, P. (1986), *Social Workers at Risk: The Prevention and Management of Violence*, London: Macmillan.

第7章
政策の発展

　1974年職場保健安全法は、職場の安全に関して、雇用者と被雇用者に一定の義務を課している（第5章参照）。それらの義務を責任と実行に移す最善の方法は、成文化された公式の政策を発展させることであろう。

　その政策の意味するところは、法律や全国的、または職場の合意事項の義務を満たすために、その組織（雇用者と被雇用者）が追求すべき一連の行為を立ち上げるための文書である。

　政策は、手続きと実践を構築するための枠組みを提供する。それは、安全問題に関して、どのような行動や行為が必要なのかを明らかにするであろう。さらに、政策は、職場の暴力問題に取り組む組織の意志の強さを証明するものであり、またその自信を高めるものである。政策の責任は、管理部門にあるとしても、一般に最も効果的な政策発展の過程は、労使の協働によってもたらされる。そこでは、管理部門とスタッフとの交渉と合意がなされる。

　政策を構築する場合、特に上記の条件を満たそうとすれば、組織には財政、資源や時間といった負担が、また個人には要請や規範に合った行動、実践の変容といった負担が求められるであろう。それゆえ、この政策の構築は、困難をはらんだ試みである。その交渉に当たっての管理部門とスタッフの役割は、対立的で時間のかかるものとなろう。最悪の場合、その政策は、うやむやにされその目的を達せられずに終わるであろう。少なくともいえることは、協働して

交渉し、合意し、構築しなければ、人々は「我が事」として受け取らないということである。その政策は、熱意も信頼も有さないものとなろう。

　政策構築の前に、その構築過程に参加させる必要のある人と方法を明確にすることが役立つ。参加者は、管理部門、スタッフの代表、運営、受付、専門職の誰がふさわしいのか検討する必要があろう。彼らの権限に合意し、合意に関わる人を決める必要がある。具体的には、権限を委任された管理者、労働組合の代表や非組合員の代表などである。

　政策の構築過程、コンサルタント過程と終了に至るタイムスケジュールについて合意が必要であろう。その合意は、その過程を通じて必要とされる資源と支援の程度と、多忙な関係者の関われる度合い（その過程がかなり遅滞することもあろう）に左右されるであろう。課題の優先順位を明確にし、会議日程を作成することによって、そのスケジュールに合わせやすくする。その課題は、簡単で容易なものではないかもしれないし、またその過程を支援する熱意をもった人なら、熱意に伴う労苦も理解できるであろう。

　関係者は、その政策が、人々が望まない変化やコストを意味するかもしれないことを心得ておく必要があろう。管理部門と政策発展グループは、どの程度、他者の意見を考慮すべきか、また自身が背負う義務の程度を明確にしておく必要があろう。

第1節　政策文書の内容

　職場の暴力に関する政策の関わる領域は、以下の通りである。

政策の名称

　政策の名称は、その政策が関わる事柄を明確に示すものでなければならないだろう。例えば、次のような名称があげられる。「職場の暴力との闘い」「A株式会社スタッフへの暴力対策」「職場暴力から安全な職場へ──対策表明」「保

健と安全の対策——スタッフへの暴力」。

　もし、スタッフへの暴力に関する政策が、全般的な保健と安全政策の一部である場合、それは、その主要政策の中で明確にされなければならないし、分かり易い名称が役立つであろう。

目的（または、目標、対象）

　目的は、その政策が達成しようとしていることの一般的な表明でなければならない。詳細にわたる必要はない。例えば、その目的は、以下のようになろう。

- スタッフが被る暴力のリスクを予防するため
- スタッフの安全を保障することによって、法的義務と他の義務を全うするため
- できる限りあらゆる形態の暴力からスタッフを守り、暴力を被った場合、アフターケアを提供するため
- その組織の全員が職場での暴力からの安全に関心をもち、安全に対する責任を果たすため

定　義

　定義において、組織と政策は、職場での暴力の意味を明確に表明しなければならない。定義は、どのような行為や行動がそれに当たり、またそれから外れるのかを示すものでなければならない（第4章参照）。

哲　学

　政策の開始に当たって、その基盤を記述する必要がある。すなわち、政策を基礎づけている価値と信念である。それは、例えば、以下の声明として列挙できよう。

- 形態や理由の如何を問わず、スタッフに対するあらゆる暴力は容認できない。
- スタッフが職場で暴力にさらされるリスクとそのリスクを最小化する組織の義

務を理解する。

● 暴力は、被雇用者側の失敗ではないという考えに従い、またそのように取り扱う。

● 暴力は、仕事の一部として受容すべきものではなく、またそれを甘んじて受ける義務もない。

● 暴力が個人に、職務遂行に、また全体として組織に及ぼすダメージを認識し、暴力に立ち向かう熱意をもつ。

政策の対象

　組織のスタッフ全員が、その政策や決まりに従う場合もあれば、その組織内で、特定の職場や、特定の役目を負うスタッフや部局を対象にする場合もある。

　また、政策が常勤のスタッフだけに適用されることもあれば、契約スタッフや臨時雇いのスタッフ、また短期間だけその組織で働くコンサルタント等にも、適用される場合もある。

雇用者のすべきこと

　雇用者が取り組むべき事項の例を以下に示す。

● リスク、ハザード、問題やその他の課題を明確にするための組織の監査と分析

● 環境、手続きや実践の改善といった職場暴力のリスクに立ち向かうための予防手段

● スタッフに対する暴力事件のデータ収集とモニタリングと、情報収集後の対処行動

● すべての人がこの問題とそれに対処する責任があること保障するために政策に働きかけること

● 政策を支援するために、特別な役割と責任の配分を行うこと。例えば、政策に全般的に責任を負う管理職の任命、事件のモニタリング責任、暴力を被ったスタッフに適切なアフターケアを保障する責任、安全トレーニングの責任

● 組織のスタッフによる暴力事件の場合には、制裁措置が取られること

- 被雇用者に暴力の脅しを行った者には、公式の文書による警告が行われる。もし法を破れば、法的手段が取られることが、その警告に示されている。
- 次のようなアフターケアが用意されている。カウンセリング、職場離脱、賃金保障、法廷闘争支援、補償請求支援と医療保障である。
- 定期的な政策と手続きの評価とレビュー、それと継続的な実践の発展。
- 保健と安全や特別な職場暴力のための管理職・スタッフの共同フォーラムを開催する。
- 政策の下、責任を全うするために、また職場暴力からその身を守るために、スタッフのトレーニングを行うこと。これには、入所施設やデイケア施設における拘禁問題に対するトレーニングも含まれるべきである。

個人に求められること

　ここでは、被雇用者自ら、また彼らの行為や不作為によって影響を受けるであろう人たちが、合理的に身を守るための被雇用者の義務に関する一般的な事項を示してみよう。これに関わるであろう他の領域も示される。

- 登録手続き、予算の執行、訪問者の受付通知、職場の出退出、日報等の諸手続きのきまり
- 以下のような事項のトレーニングへの出席。政策、手続きの執行、暴力事件の報告システム、管理職や現場スタッフのための専門的講習、スタッフ等の出張
- 被雇用者が利用可能な手続きを用いた暴力事件の報告
- スーパーバイザー、ライン・マネージャー、人事スタッフ、安全・福祉スタッフやトレーニング・スタッフといった人たちごとの役割
- 職務遂行上、明らかになったり、気づくようになったハザード、リスクや問題の報告

業績評価

　政策の業績評価とは、政策の効果を評価するという意味である。その測定項

目をあげる。

- 一定期間における事件、攻撃、暴行や傷害の件数の減少
- 一定期間や一定の職務領域における暴行を被ったスタッフの割合の減少
- 暴力事件の経過に伴う不稼働日数の減少
- 職場でスタッフが感じる暴力の懸念や不安感の減少やモラールの向上（これは、比較を可能にするために、政策の実施前後に調査や分析を行う必要があろう）
- スタッフに対する暴力事件の増加割合の減少
- 暴力の恐怖や実際の被害による離職の減少（退職時の面接は、この情報を集めるためのひとつの方法である）
- 補償請求や補償金額や保険料の高騰の減少

　業績評価は、組織全体、組織の一部、特定の業務ごとに行われよう。特にそれは、新しく開発された手続きの効果を評価する際に有用である。業績評価は、次のような項目の効果を測るうえで役立つであろう。不稼働日数の逓減、モラールの向上、安全対策にかかるコストに見合うスタッフの退職の逓減と生産性の向上、交通手段の提供、手続きの変更、職場の暴力と戦う他の手段である。

評価・レビュー

　政策の中身として、政策の効果をどのように測定するのかという項目が含まれていなければならない。すなわち、責任者は誰か、アセスメントの仕方、その過程、結果を誰に伝えて、どう生かすのか。

　職場における暴力のリスクの調査に用いられる同様の方法（第6章参照）として、質問紙法、グループ・ミーティング、観察と構造化面接があげられる。

　評価の過程は、政策の業績評価のアセスメントに基づき展開されよう。評価のためのデータは、人事関係資料といった他の方法からもたらされよう。例えば、スタッフの転職数、退職時面接やスタッフ採用問題の減少である。

　さらに、職場暴力事件の報告制度が実施されている場合（第9章参照）、その制度によって、問題のスケール（大小）とその変化に関する直接的なデータがもたらされるであろう。それには、アフターケアを求めるスタッフの増減も含まれる。

　最後に、新しい政策を導入した際には、レビューの実施を確実にするために、最初にレビュー・データを取ることを明記することが賢明である。それ以後、レビューは定期的に行うべきであるが、頻繁に行う必要はないであろう。

第2節 ┃ 資源の問題

　被雇用者の安全を保障する適切に構築されたシステムは、ある程度コストがかかるであろうことは疑いない。暴力事件を取り扱う手段、アフターケアを提供する手段や関係者を支援する手段といったあらゆる手段は、資源の問題に関わっているであろう。雇用者は、スタッフに対する暴力のリスクを取り扱い、それを減らす諸手続きのコスト問題を吟味する必要があろう。

　規定の勤務時間を超えて働いているスタッフについては、そのような働き方が、本当に必要なのか検討するために、レビューを行わねばならないであろう。超過勤務を行っているスタッフに過度に依存するのを避けるために、色々な手段を取るべきであろう。例えば、ワーカーを補充するとか、既存ワーカーの配置転換である。スタッフ配置は、暴力が起きやすい状況にさらなる支援を提供できるために、再評価する必要があろう。例えば、クライエント宅への同行訪問を行える資源の確保である。

　一般にスタッフ体制のレベルを決める際には、病気によるスタッフの欠勤の代替と同様、休暇やトレーニング時間を計算に入れなければならない。雇用者は、簡単な通知ですぐに動いてくれるスタッフやどの状況でも働けるスタッフの確保を考慮した方がよいであろう。このような準備態勢によって、危機的な困難や即時的なカバーや支援の提供の遅れを回避することに役立つであろう。

　暴力を経験したスタッフのためのカウンセリング体制では、スタッフの勤務時間の変更や外部の有給カウンセラーのサービスが取られるであろう。

　効果的な身の安全戦略の推進とスタッフがその職務を果たせるように準備し支える体制には、意識の向上とあらゆるレベルのスタッフのトレーニングが含まれるであろう。ソーシャルワーク機関は、トレーニング資源の確保という大きな課題に直面する。新しい法律、例えば1989年児童法、1990年NHSコミュニティケア法、1993年刑事法は、外部のスタッフ・トレーニングの必要性を提起している。

　身の安全トレーニングを組織の身の安全戦略の一部として導入するには、さらなる資源の投入がなくては不可能であろう。たくさんあるトレーニング・リストに新たな領域を加えるというよりも、身の安全は、それぞれのクライエント集団に対する良き実践であると理解する方が良いであろう。乏しい資源しか使用できなくても、ワーカーが自信をもち、支援されていると感じられる場合には、また暴力行為の最小化を図る機会がある場合には、よりクライエントに対して効果を発揮するであろう。

　公的であれボランタリーであれ、ソーシャルワーク機関は、支出の抑制に直面しており、また乏しい資源に対して多くの要求が寄せられることを嬉しく思わない。しかしながら、雇用者は、自己のスタッフの安全を保障するという明確な法的、道徳的義務を負っているのである。安全な労働環境を提供するために、資源のさらなる投入が必要である。

第8章
政策の実施

　政策の合意と発展は、職場の暴力に対する統一的な組織対応への決定的な段階である。しかし、それはあくまでも一段階でしかない。政策は、政策の意図が表明され、その意図はいいとして、手続きの欠如から行動がほとんど伴わないという段階で、しばしば止まってしまう。

　政策それ自身は、「何を」すべきかを述べるが、それを「どのように」行うかを述べようとするのが手続きである。必要とされる手続きは、政策の内容、職場暴力問題の性格と範囲、当該組織の職務の規模、文化と性格に拠るであろう。手続きに明記される必要のある項目は、以下の通りである。

●特定の業務や職務をどのように行うべきか

　―受付業務

　―現金を銀行に持って行く、現金の集金

　――般市民との面接

●職務の手続き

　―訪問者の通知と受付

　―名札の着用

　―建物やその一部へのアクセスの管理

●職務の場

　　　　—事務所の内外で働く、日報の使用、システムの利用と解除

　　　　—残業時の安全手続き

　　　　—他者の家や建物で働く

　　　　—出張

　　●安全機器の装備

　　　　—携帯電話・自動車電話

　　　　—防犯ベル

　　　　—通信機

　　●商人、契約者や配達人に対する対応

　　　　—職員に会いにくる人をあらかじめ明らかにしておく

　　　　—仕事のため組織内に入る人のチェックと身元確認

　　　　—受付方法と仕事中の当人の動向確認

　　●政策に役立つトレーニング方法

　　　　—導入

　　　　——般的な保健と安全

　　　　—コミュニケーション・スキル

　　　　—対人スキル

　　　　—アサーティブ・トレーニング

　　　　—手続きの実施方法

　　　　—保護のための実際的方法

　　　　—カウンセリングのような専門的トレーニング

　　　　—政策の実施に際しての管理職の役割

　　●暴力事件のモニタリング

　　　　—報告システム

　　　　—報告の形式

　　　　—報告や情報のモニタリングに責任をもつスタッフを指名すること

　　　　—モニタリング情報の利用

　　　　—「暴力事件登録」（Violence Register）の利用。「全国児童虐待防止協会」

は、スタッフの誰もが利用できるクライエントがおこなった協会のスタッフや他の機関からの派遣スタッフに対する言葉の暴力や身体的暴力の有無をチェックするための暴力事件登録手続きを制度化してきた[1]。問題を「知る必要がある」という純粋な思いに応えようとする場合、この方法は、ワーカーが不必要なリスクにさらされることを防止するうえで役に立つ。

● 暴力事件のフォローアップとアフターケアの方法
　─休職や休職補償といった直接暴力にさらされているスタッフを支援するために、取るべき組織の行動
　─カウンセリング等の組織が手配できるサービス
　─法的アドバイスや医療支援といった暴行や脅しを被ったスタッフが利用できる支援
● 定期的な安全チェック
　─建物のセキュリティ、鍵保有者の登録、アラームの設置
　─安全機器の点検
　─安全機器や安全システムの保全と修理
　─安全対策責任者への問題やリスクの報告
● 政策の評価・レビュー
　─評価・レビューの実施時期
　─評価・レビューを行う責任者とその方法
　─結果の公表方法

　安全手続きには、暴力行為があった場合、管理者がどのような行動をとるべきかを詳細に明記する必要がある。暴力を拡大させないために、まずしなければならないことを明確にすべきであろう。事務所の場合、暴行者に離れるように求めることなどである。

　入所施設やデイケアでは、暴力を直ちに排除することはできないであろう。暴力行為を大目に見ないことと暴力の拡大を防止することのバランスを取る必要がある。一番大切なことは、再発を防止し、傷ついた人を支援することである。

参考文献・資料

(1) National Society for the Prevention of Cruelty to Children (1990), *Violence*, London: NSPCC.

第9章
暴力事件の報告

PoynerとWarneによって、職場とスタッフの安全を達成する試みにおいて最も重要な要素は、暴力事件の報告とモニタリングであることが明らかにされている[1]。

第1節 報告に消極的という問題

　暴力事件の報告をしたがらない傾向は、攻撃等のモニタリングとその対応の発展にとって重大な問題であり、それを強調してもしすぎることはない。正確な記録がないと、安全戦略の構築に追加の資源を投入することが難しくなる。

　多くの調査によって、ソーシャルワーカーもクライエントも暴力を報告することに大変消極的であることが明らかにされている。ワーカーが暴力の報告をしないことには、幾つかの理由がある。ある例では、暴力事件は、ソーシャルワーカーとしての自己の能力の結果であり、その報告は、他人に自己の「失敗」を印象づけることになるというワーカーの思いがある。幾つかの研究では、ワーカーは、そのような出来事は自分たちの職場では「当たり前」(normal)のことであるから、報告しなかったことが明らかにされている。暴力が常に頻繁に起きている所では、スタッフは、すべての事件を報告しようと思う人と、

全くそう思わない人もいる。

　ソーシャルワーク・スタッフは、次のような役に立たない対応を管理職から受けたり、不安感をいだいたりしている。すなわち、犠牲者であるスタッフを責めたり、事の重大性を認識しなかったり、ワーカーは、いささか過剰反応をしているようだと言われたりする。Craneの暴力を管理職に報告したスタッフの研究によると、満足のいく対応をしてもらったと思う人はわずか40％であり、これに対して、ほとんどすべての人が、同僚から支援となる対応をしてもらっていた[2]。

　東ロンドン大学の研究によると、暴力や虐待を被った人の41％が、管理職からいかなる支援もしてもらったことがないと述べている[3]。

　これらの研究結果は、暴力に対して、予防措置を取り、積極的にスタッフを支援する責任を管理職は受け入れる必要があることを明らかにしている。ソーシャルワーク現場においてすべての管理職が日常的にすべきことは、安全の気づきについてのトレーニングと合意された手続きの効果的な活用のトレーニングである。

　ワーカーの中には、性的な虐待や脅しに関して、特に報告や話し合いがしにくい人もいるであろう。また他の要因として、ワーカーとクライエントとの関係を崩したくないという懸念もある。事件によっては、その事件の報告によって、攻撃者が訴追されることを懸念したり、訴追手続き対応に二の足を踏む人もいよう。

　介護現場のケアワーカーは、他人に助けを求めることにためらいがあるという定評がある。すなわち、その仕事が、そもそもストレスフルであるからである。しかしだからといって、スタッフはひどい行為や脅しに耐えるべきだというのは、あまりに容易すぎる。

　ソーシャルワーク・スタッフは、自己と同僚に対する暴力事件を予防する責任を有する。その責任の一端が、事件が起これば報告するということである。攻撃されたり、脅かされたりすることが、人としてまた専門職としての失敗でないこと、また報告をためらったり、秘密にすることは、自己と同僚を深刻な

リスクにさらすことになることを肝に銘じるべきである。また、事件の情報は、暴力を予防するための効果的な戦略の発展に寄与するであろうし、身の安全を守るトレーニング・プログラムの策定にも役立つであろう。

第2節　報告システム

　報告システムは、既に用いられている職場のリスク調査に役立つし、また政策実施の手続きの一部としても展開されるであろう。

　既存の事故報告システムを暴力事件の報告用として利用する組織もあろう。しかし、この事故報告システムを利用することには、欠点もある。一般に事故報告システムは、その事件によって実際に傷害が生じなければ報告義務はないとされている。そのため、暴力事件のレベルに関して誤った全体像を与え、誤った安全対策に導く場合がある。事故報告書とは、深刻な医療費用や金銭的損害を被った場合に限り、報告するという趣旨のものである。従って、脅し、人種差別やその他のハラスメント関係といった記録に等しく値する重大な必要があっても、それらが登録されることはない。

　暴力事件の記録に特化した形式をもつ別のシステムを採用することが賢明である。暴力を被っている人にとって書きやすい形式の報告システムによって、情報がもたらされ、分析が可能となり、さらなる予防対策の発展に利用されるであろう。その際の収集すべき情報については、以下の通りである。

- 事件が起きた日時。これは、リスクが最も高まる時間、ある時間に特有の事件のパターン、勤務時間に起因するリスクの確認に役立つであろう。
- 事件現場のスケッチや詳細な状況の記録。これは、改めるべき現場デザインの変更に役立つであろう。
- 事件当時、何が起きたかの記録。これは、支援や安全のためのスタッフの必要性、どのような通常業務がスタッフを攻撃にさらされやすくするのか、アラー

ムや緊急連絡装置の必要性、既存の手続きを行ううえでスタッフの助けとなる
トレーニングや暴力を振るいそうな人へのマネジメント・スキル向上に役立つ
トレーニングといったことに有益であろう。

- 関係者に攻撃者の特徴を尋ねることによって、スタッフへのリスクのある人た
ちの特定に役立つ場合がある。

- 原因や動機を解明する試みは、システムや手続きのどこが暴力を引き起こすき
っかけになるのかを明らかにするうえで役立つであろう。

　　―待たされる場合

　　―助けてくれると期待している人に会えない場合

　　―文書や手紙の内容が理解できない場合

　　―目の前にある金銭を得ようとする場合

- 攻撃を受けた被雇用者の名前と詳細。書類上の記載では匿名にすることが決ま
っていようとも、被雇用者の詳細には、性別と民族性を入れるべきである。最
近では、人種がらみの攻撃の例は珍しくない。報告情報の分析によって、特に
注意が必要な人種問題に関わる指標を明らかにできよう。

　一度、報告書の形式が出来上がると、それがうまく機能するのかそれを一度、
使ってみるのかベストである。その経験に照らしてみて、必要ならばそれを改
編すればよいだろう。

　事件を報告することが、最終目的ではなく、ソーシャルワーカーや財産への
事件の影響を、スタッフへのフォローアップやアフターケアの詳細とともに記
録することが大切である。この情報は、報告書とは別に書くか、裏面に書くよ
うにし、最終的には、責任ある人、すなわち、人事マネージャー、安全担当者
や指定マネージャーが完成させるようにしなければならない。

　事件報告書は、守秘義務を守らねばならない。人は、自分のプライバシーが
守られていないと感じている限り、事件報告をしようとはしない傾向がある。
関係するスタッフを特定することなく、対応した情報や詳細を報告書から抜き
出せるようにしておくこと。

　すべての被雇用者が、暴力事件を報告する手続きの仕方を知っていることが、肝要である。その手続きの責任者と報告書用紙をどこで手に入れるのか、分かっていること。書き方のガイダンスとともに、援助が必要な時、どこでそれが得られるのか、また報告すればどうなるのかについて情報を提供するようにしなければならない。

　さらに、すべてのスタッフにどこに行けばアドバイス、援助やアフターケア・サービスを、また報告後どのようなフォローアップが受けられるのかについて、情報を提供しなければならない。

　付録に、事件報告書の形式の例が記載されている。

参考文献・資料

(1)　Poyner, B. and Warne, C. (1986), *Violence to Staff - A Basis for Assessment and Prevention*, Health and Safety Executive, London: HMSO.

(2)　Crane, D. (1986), 'Violence on Social Workers', *Social Work Today*, Social Work Monographs, Colchester: University of East Anglia.

(3)　Lyons, K., Grimwood, C. and La Valle, I. (1992), 'My Brilliant Career', *Social Work Today*, September, pp. 14-15.

第10章
職　場

　本章は、職場での被雇用者の身の安全に関わる良き行動のガイドラインを取り扱う。提供されるガイドラインは、ソーシャルワークの様々な場面での被雇用者と雇用者に焦点を当てた内容ではあるが、その多くは、他の被雇用者の場合にも等しく関係するものである。

第1節　周りの環境

　雇用者も被雇用者も、職場環境、すなわちグランド、庭や駐車場もまた施設の一部であるということを忘れがちであるが、身の安全の観点からそれらに配慮する必要がある。周りが、雇用者の施設でない場合でも、被雇用者の安全のためには、それらを考慮しなければならない。すなわち、そこが仕事に関わる場であるなら、それが職場環境なのである。

　グランドや駐車場の視界が重要である。見えることと見られることが必要である。適切な照明が、視界を確保する基本的な要素であるが、壁、フェンスや樹木によって遮られる場合には、照明が制約されよう。壁やフェンスを移動させたり、生け垣や雑木を剪定して、視界を確保する必要がある場合もあろう。駐車場が、階層型の場合、照明を各所、特に階段につける必要があろう。もし、

その駐車場を雇用者が所有していない場合には、その所有者に安全の確保を交渉すべきである。

　建物により近くするため、また危険地帯での駐車を避けるために、女性用の特別な駐車場を設けている組織もある。女性のための近くの駐車場を特別に確保している組織はあるものの、男性については、組織の専用駐車場が利用できない場合、公共の駐車場を利用するしかない。

　ある組織では、終業後、組織の屋根付きの駐車場に行くには、暗くて、汚く、危険な階層型の公共駐車場を通らざるを得なかった。列車で出張し終業時間後に戻ってきた場合、すぐ近くに無料の専用駐車場があっても、駅前の駐車代を支払う組織もある。

　職場のグランドや駐車場をフェンスや壁で囲むことは、容易でまた価値のあることである。駐車場の出入りにカードシステムを用いると、被雇用者の車の出入りに門を通らざるを得ず、また警備員による安全確認も可能となる。

　グランドや駐車場のビデオカメラによる監視は、今や普通になっている。それによって、安全に不安がある場所で何が起きているのか、セキュリティ担当者は容易に監視できる。事故が起これば直ちに報告され、セキュリティ担当者は、困難な状況にある人を助けに行くことができる。

　駐車場やグランドに置いてある物にも注意を払うべきである。日常使用するあらゆる物が、武器になり得るからである。なかでも、特にガーデニング用品は、使い方によっては非常に危険である。

　スタッフが明るい場所に逃げ出せるため、センサー・ライトが有益である。それはまた、スタッフらが内部で不測の事態に陥っていることを知らせる通報機能も果たすであろう。外部通報機器の場所をスタッフに周知しておけば、助けが必要な場合、大いに役立つであろう。非常用電源設備は、停電になった場合に有用である。

第2節 ┃ 職場へのアクセス

　職場へのアクセスは、多くの場合、主要出入口と受付に関わっている。確か
にこのエリアは重要であるが、出入口がひとつで、出入りをチェックできる受
付を設置している組織はほとんどない。ほとんどの組織が、裏の出入口、非常
口、物置小部屋、駐車場への出入口等を備えている。これらは、建物への侵入
口になる可能性がある。悪意をもった人には好都合であろう！

　たとえ建物へのアクセスが公開されている場合でも、被雇用者を守るために
は、公衆がその建物を見つけにくくてもアクセスを制限できることがある。そ
の制限の方法は、以下の通りである。

- 鍵、カード式鍵や暗証番号入力方式によって、ドアを閉める。
- 一方通行のドア。これは、防火規制に則ったものであり、いつでも外に出られ
  るが、入るときには鍵を利用しなければならない。このドアが避難用として使
  用されているのなら、緊急時に対応するために鍵方式でない他のドアが必要と
  なるであろう。
- 市民と会う事務所から離れた受付や待合室は、受付係や保安係の監視ができる
  ようにする。

　（一般人用でない）建物へのアクセスは、以下のような方法で制約できるであ
ろう。

- 訪問者や呼び出しを受けた者は、受付や保安室で来訪の趣旨を述べ、来訪の確
  認を受ける。
- 訪問者や配達人は、指定の入口を使用する。
- 誰がその建物に入り、いつ出たのかを確認するために、訪問者は入退室時にサ

インをする。

● あらかじめ認められた訪問者は、パスや訪問者バッジを身に付ける。

● 訪問者は、被雇用者に会うが、その訪問中、その責任を負う。

●「入室不可」を貼り出す。

●「スタッフのみ」を貼り出す。

● 大きな組織では、スタッフであることを明らかにするために、すべてのスタッフがバッジを身に付ける。

● 各階に受付や保安室を設ける。

● 営業関係者、契約者や配達人が、建物にいる間、その用件を知り、監視する被雇用者を配置する。

　　―アポイントメントがあること。

　　―照会先を記した身分証明書を持っていること。

　　―対応ガイドラインを備えること。どこで何をするのか。契約上の行動と罰の基準を設けること。

● 予期しない訪問者への対応手順

　　―担当者と連絡がつかいない限り、入室させない。

　　―あらかじめ指名された被雇用者（例えば、専門担当者）が、すべての予期しない訪問者の対応をする。

　　―必要があれば、保安係やボランティアに退去を依頼する。

　主要出入口よりも他のアクセス・ポイントのほうが取り扱いが難しい。スタッフが、鍵のかかった後方の出入口や横の入口に気づくようにするのが難しい場合が多い。一方にだけ開く防火ドアをスタッフの利便性や換気のために開け放しにしている所が稀ではない。これは防火規則違反とは別に、建物の脆弱性をもたらす。人は、配達や積み込み用の部屋、車両出入口、サービス出入口、駐車場のドアが、スタッフの安全の観点からアクセス・ポイントになり得るとはほとんど考えつかない。

　雇用者は、防火ドアは、常に閉めておくことに注意を喚起すべきである。や

むを得ない場合を除いて、防火ドアを普通の出入口として使用してはならない。他の横のドア、後部ドア、駐車場やガレージへのドアは、自動閉鎖式にするか、防火ドアのように自動閉鎖式の一方通行ドアにする。スタッフには、鍵、カード式鍵を渡し、暗証番号式の場合はその番号を知らせておく。

　配達や荷受け室、車いす出入口やサービス出入口を直接に管理することは、難しい場合がある。うまくいっている組織では、これらのエリアを職場から離れた場所に設置している。すなわち、それらのエリア「への」アクセスを管理するよりも、そのエリア「から」職場へのアクセスを鍵付きのドアによって、管理するのである。これらのエリアへのアクセスは、フェンスや、可能なら囲いを用いて、管理することもできよう。

　職場へのアクセスの管理が重要であるが、通常、ソーシャルワークは、公衆にオープンな建物内で行われる。そのため、入口は適切な言語で明示されるべきである。車いすの通り道を確保するために、線を引くべきである。

第3節 ┃ 受付と待合室

　受付と待合の場は、外部者にとって組織の顔といってよい。多くの人は、そこからその組織との関わりを始めるであろう。受付や待合の環境やサービスは、単に面談に来た人にとってどうということはないであろうが、争いの解決や問題への対処のために来た人、不満をもって来た人、呼び出された人にとっては、大きな影響を与えるものである。例えば、社会サービス事務所への来訪の場合、その対応の仕方によっては、来訪者の怒りや失望は、増幅されたり、軽減されたりするであろう。

　調査によると、色彩は、雰囲気や知覚に影響を与えることが証明されている。暗く薄汚れた場所は、明るく温かく歓迎ムードの場所とは、違って見えよう。灰色や緑といった役所風の色は、それなりの場所に来たという印象を与えるであろう。暗く寒く薄汚れた部屋で待たされれば、誰でも気分は落ち込むであろ

う。明るく温かく居心地が良い場所でも、気分が良くなるとは限らないが、いらだつよりは落ち着くようにはなるであろう。

　訪問者として来所する人に環境が影響を与えるのと同様、そこで働く人にも影響を与えるであろう。そこは、スタッフが攻撃的な反応を起こしかねない自らの行動をあらかじめチェックするポイントでもある。幾つかの組織では、この調査を真剣に受け止め、以下のような方法で、受付と待合室に生かしている。

- パステルカラーを用いる。
- 待合室に花や植物を置く。
- 明るく快適な部屋を待合室にする。
- 座り心地の良い座席を用いる。
- 読み物を用意しておく。
- 児童のために遊び場や質の良い玩具を置く。白い人形と共に黒い人形も用いることで、黒人家庭も歓迎していることを表すのに役立つであろう。
- バックグランド・ミュージックを流したり、テレビを置く。
- 飲料機器や飲料を作れるものを設置する。
- トイレや幼児のおむつ替えの設備。
- 待っている人が、外部の人と連絡を取り合うために電話を設置する。
- うるさい音楽、イラつかせる拡声機や機器の音といったストレスとなる騒音を避ける。
- 駐車でイラつかせないために、適切でアクセスのよい駐車場を用意する。
- 訪問者の便宜を図るために、誘導指示、案内地図や駐車料金を提示する。

　このようなステップを取る組織は、以下のようなことから、その費用対効果と良き影響が生じることを確信している。

- 場所や駐車場などを見つけ出すのが難しい場合、それがフラストレーションになる。

- 来所者は、自分は歓迎され期待されていると感じる。
- 来所者を尊重し、彼らが快適さを感じるように配慮していることをそれらのステップは表している。
- 番号で待たされる人のように匿名性をあまり感じないようにする。
- 待ち時間が快適であると、人は不快感や緊張感を和らげ、イラつかない。
- 本や飲み物等の提供があれば、気晴らしになったり、気が紛れて、退屈しない。

効果的なコミュニケーションへの支援は、ソーシャルワークの現場では特に大切である。聴覚障碍者を支援するループ設備に配慮すべきであるし、読唇や視覚障碍者支援の質を高めるには、照明に配慮すべきである。英国手話や少数民族言語の通訳の利用をしやすくし、スタッフは、そのためにどうすればよいのか注意を払うべきである。

多くの人が、いらだちや怒りを最も感じることは、待ち時間の間、何が起きているのか、またどれほど待つのか知らされないことであると報告している。ある組織では、整理券や待ち時間を表示するディスプレイを利用している。人は、順番待ちを好まないのであるが、いつ面接できるのかを示すうえでそれは役立つ。

他の組織では、受付係が訪問者に待ち時間を知らせるようにしているところもある。しかし、この方法では、知らせた待ち時間が長引いた場合、火に油を注ぐことになりかねない。別のやり方では、受付係が、時おり待合室に順番リストを持参し、「順番の通知」を行う。例えば、「あなたの前に3人の人が待っています」「ミセスXは面接中ですが、次はあなたです」。しかし、この方法でも、前の人の面接時間が長引くと逆効果となろうが、少なくとも何らかの情報が与えられ、また受付係は時おり待ち時間の訂正を行うようにする。

多分、最も良い待ち時間対策は、できる限りアポイントメントを取るようにすることである。それがうまく機能するためには、個々のアポイント時間が現実的であることが重要である。そうでないと、行列ができてしまい、時間通りに来たのに待たされて、余計にイライラが募ることになろう。

受付係は、非常に微妙な立場に置かれている。特に徒歩で建物に入る構造を
採用しているところではそういえる。受付場所の安全を図るための例を以下に
あげる。

- カウンターは、相手から手が届かない幅を取る。
- カウンター内のスタッフ側の床を高くする。それによって、スタッフに手が届
  かないようにする。
- 緊急アラーム・ボタンを付ける。
- 安全な場所から受付係が全体を見渡せる監視カメラを設置する。
- 受付係同士が互いに見えるように事務室のレイアウトを工夫する。
- 受付係が必要とするなら、退避の方法を係に周知すべきである。
- アクセスを制限するために、入口に通話器とカメラを設置する。
- 受付カウンターの前に鍵を付ける。
- 受付へはひとつのドアから入るようにする。
- 受付係に訪問予定者をあらかじめ知らせておく。その他の配達人や営業関係
  者、契約者には、訪問記載簿を用いる。
- 担当者に通じるインターホンを設置する。また迷惑行為を受付係以外の人が聞
  ける装置を設置する。
- 出入り自由なオープンな建物では、受付係や他のスタッフが、一人で対応しな
  いようにする。

このような安全が保障された仕組みの多くが、必要でまた役立つことが証明
されている。しかしながら、スタッフにとって保護的であることは、クライエ
ントや利用者にとっては障壁になるであろうということもまた心得ておかねば
ならない。

カウンターやスクリーン、その他の対処物は、それらを障壁や防護物と見な
す人にとっては、攻撃や暴力の引き金になることがある。クライエントや利用
者にとって、温かく、穏やかで脅威のない環境を構築することとスタッフの安

全を守ることとのバランスを取ることが必要である。

第4節 ▎ 保護スクリーン

　保護スクリーンの導入に際しては、特に注意する必要がある。Poynerと Warneの報告によると、1984年にGlasgow地区議会は、「スクリーンは、テナントと住宅委員会スタッフとの間の不必要な障壁を表しており、その障壁は、多くのテナントにフラストレーションと憤りをもたらしている」と結論づけている[1]。

　そのため、15あるすべての地区事務所から、スクリーンを撤去する決定がなされ、現金を扱う地域のみにスクリーンが設置された。この決定は、以下のような場面を含む一連の方策によっても支持された。

- ●スタッフの代表者との綿密な交渉時
- ●面接場面で配慮すべき時
- ●受付業務の改善と待ち時間の短縮のためのスタッフ配置や段階の見直しの時
- ●トレーニング時
- ●スーパービジョンや支援時

　このような一連の方策の実施は、スタッフへの暴力の懸念に一石を投じた。すなわち、単純で紋切り的な安全対応を避け、職場や職務実践の安全は、総合的であるべきことをそれは示している。

　スタッフの安全という問題は、建物のインテリアのデザインとマネジメントとともに、その建物のデザインと立地を決める際の統合的な要素のひとつであるべきである。

第5節 ▌ 職場での面接

　面接や人との会合をもつことは、あらゆる組織の多くの被雇用者がその仕事を行ううえで必要とする職務である。多くの多様な職務場面の面接において、不幸にして攻撃や暴力行為が起きている。良き面接の実施ガイドラインが、ソーシャルワーク部を始め、団地機関、社会保障事務所や警察からの幅広い経験からもたらされている。そのガイドラインは、ソーシャルワーク機関の雇用者と被雇用者の両者が従うべきものである。

- 単独で面接を行う場合、以下のことに注意すること
  - 居場所を知らせること
  - 他者に見える部屋を使用すること。例えば、窓ガラスがはめ込まれていること（壁面の安全ガラスが重要である）。しかし、面談が聞こえてはならない。
- 電話は面談に差し支えるので、面接室の安全装置としてはあまり推奨できない。警報装置の方が適切である。
- 部屋の様子が見えにくい場合、覗き窓を設置したり、時折入室する等のチェック方法を工夫すべきである。ただし、面談の中断にならないように最小限にする。
- 面接室の照明は明るくすべきであるが、明るすぎないように。必要があれば避難灯を付ける。
- ドアの近くに座ること。もし可能なら、ドアは2つ付ける。
- 日常使用する備品は、すべて武器になる可能性があるため、備品は必要最小限のものにする。
- 家具は心地良いものにすること。しかし、投げつけられない程度の丈夫さであること。
- 面接中であることを他者に知らせておくこと。また、被面接者に記録されていることを知らせること。

- 非常事態を伝えれば（それを誰かが見聞きできるため）、スタッフは対応を取り、直ちに行動を起こすこと。
- 建物内で、一人で誰かと面接しないようにすること。
- できれば、待ち時間を取らないようにすること。もし、待たせる場合、会える時刻や待ち時間を知らせること。
- コミュニケーションを円滑にし、フラストレーションをなくすために、少なくとも、1か所、聴覚障碍者を支援するための装置を備えた部屋を用意すべきである。
- 面接が難しいと予測できる場合、都合の良い時間に面接時間を調整すること。また、クライエントがその面接時間では不都合であると思うのなら、その時間を避けること。

面接技法のより詳細なガイダンスは、本書第Ⅱ部で述べられている。

第6節　ケース会議

ケース会議は、特定のクライエントとその家族に関する情報の共有と、もし必要があれば対応策を協議する場である。ケース会議は、例えば児童保護の重要な構成要素であり、対象児童の親を出席させることが増えてきている。

親は、子どものケアプランを専門職集団と協議するために呼び出された際、不安を感じやすい。親は、適切に準備を受け、自分の役割を明確にされない限り、ケース会議を極めて威圧的なものと受け取ってしまうであろう。彼らをリラックスさせるように最善の努力をして、児童保護の手続きにおいて積極的にその役割を果たすように支援すべきである。

親は、あらかじめケース会議の目的を知らされるべきである。そうすることで、心理的な準備が整う。それによって、ケース会議に対するショックや敵対的な反応を避けられるであろう。

　ケース会議への出席の通知や方法では、ちょっとしたきっかけでイラつかせる反応が起きることを心得ておかねばならない。例えば、あまりに早く到着させて、長時間待たせてはならない。意図しない会議前の議論を避けるために、他のケース会議参加者と一緒の待合室は避けて、会議に参加する親のみの待合室を準備すべきである。

第7節　現金と貴重品の取り扱い

　ソーシャルワーク機関では、被雇用者が現金の取り扱いに責任をもつ場合が多い。そのことが広く知られると、クライエントでない人によって被害を受けるリスクも増える。盗難や暴力のリスクを減らすために、できる限り現金の取り扱いを減らすことが重要である。雇用者に現金以外の支払い方法への転換を強く推奨する。例えば、スタンプ支払いや引換券である。

　集金し保管する必要がある場合、盗難のリスクを減らすために、定期的に銀行に預けるようにすべきである。スタッフは、現金の盗難に関わる暴力が起きた場合の対処方法をよく心得ておく必要がある。そのためにガイドラインが必要であり、そこには、現金や他の貴重品を守ること以上に第一に大切なことは、スタッフの身の安全であることを明記すべきである。犯罪者に気づかれずに助けを呼ぶために警報装置の活用も考えられよう。

第8節　現金と貴重品の保管

　職務の一環として現金や貴重品の保管を行う銀行や建物協会の場合、通常、非常に優れた安全システムをもっている。ある時期や目的の場合だけ、不定期に現金や貴重品を保管する場合、安全対策がうまくいかないことが多い。多くの事務所では、日常の費用や緊急の支出等のために少額の現金を保有している。

その現金の出し入れは、かなり日常的なものとなっていよう。

　職場で現金を保管している場合、それが本当に必要か否かを厳密に考えるべきである。現金の保管を避けられるのなら、そうすべきである。そのために、定期的に銀行の利用もあるだろう。以下に、窃盗や暴力のリスクを避けるガイドラインを示す。

- 集金した現金を室内で保管するよりも、銀行に毎日預ける。
- 状況に応じて必要なアラーム、カメラ、スクリーンといったセキュリティ設備を用いる。
- 建物がセキュリティ設備で守られていることを明示する。
- 雇用者は、ガイドラインを作成して、事が起きた場合、被雇用者がわが身を守るためにどうすべきかを被雇用者に周知すべきである。
- 現金や貴重品を保管している建物や部屋へのアクセスを制限したり、管理する。
- 賃金の支払い日等の現金を保管する日時をできるだけ特定しないようにする。
- 現金や貴重品を定期的に保管しなければならない場合、セキュリティの専門家にアドバイスを求めるとよい。それは、セキュリティの実際の方法と被雇用者の安全の両者にとって役立つ。

第9節　現金の移送

　定期的に職場から現金や貴重品を移送する必要がある場合、移送担当の専門家チームを採用することが有益である。確かに費用がかかるが、それは被雇用者の深刻な傷害や生命に関わることである。

　被雇用者が自ら現金を運ぶ場合、事務所から銀行への移送の際には、セキュリティ・チームや警察から特定の状況やそれにまつわるリスクについて、専門的なアドバイスを受けることができる。被雇用者に現金の移送を任せる場合、雇用者は、被雇用者がその身を守るために何をすべきか理解してもらうために

ガイドラインを示すべきである。その際、現金を守ることよりもわが身を守ることが第一であることを明確にしておくこと。スタッフは、一人で現金移送をすべきではない。

　現金移送の方法を特定しないことが大切である。日時の変更だけでなく、可能ならば移送ルートや交通手段も変えること。移送する人も特定しないようにすれば、特定の人が狙われるのを避けられるであろう。

　攻撃や窃盗を減らすために役立つであろう簡単な実際的方法を幾つか以下にあげよう。

- 携帯電話やハンディ通話機といった通信装置を携帯させる。そうすれば、接触を維持し、緊急通報や助けを呼ぶことができよう。
- 移送先の銀行等にそちらに向かっていることと到着時間を知らせる。もしもの時には、移送先が非常事態を通報できよう。
- 職場が安全に到着したことが分かるように到着通知装置を使用する。
- 現金や貴重品の最善の移送方法について考えること。書類ケースやバッグを用いる場合、ひったくられる可能性がある。被雇用者にバッグ等を結びつけると、ひったくりは防止できようが、ひったくろうとする人のために被雇用者が怪我をする恐れがある。
- いつ、どのように、誰が移送するのか知っている人を最小限にする。
- 万一の場合、どのようにすべきかを明確にしておく。ガイドラインは、お金よりもスタッフの身の安全を守ることを強調すべきである。
- 携帯電話やハンディ通話機といった装置で常に連絡を保つようにする。
- それが使えれば、携帯アラームも有益である。

第10節　仕事パターン

　ソーシャルワークの職場環境の中では、夜間や早朝の仕事が普通の職務パタ

ーンになっている場合がある。またそのような働き方は、例外的であるという職場環境もある。どのような職務パターンが適用されようとも、良き実践は、次のような点を考慮すべきである。

● 一般的な職務時間以外の勤務や暗い中での出張の場合、人気のない非常に静かな場合や公共交通機関がほとんどない場合における交通手段の提供。特に女性の場合においてである。

● 近くて明るく、管理されている駐車場。

● 保安係を置くこと。特に職場の建物が孤立していたり、働く人がほとんどいなかったり、夜間やリスクが高い場所、攻撃されやすい仕事の場合にはそうすべきである。

● 建物の他の部署で使用されると使用できない建物内でも使用可能なアラーム・システム。

● 主要アラーム・システムが解除されていても使用可能な緊急ボタンやアラーム。

● 少なくともペアで勤務する体制の保障。その建物で誰が勤務しているか同僚が知っていること。

● あらかじめ訪問者、契約者や配達人等が来所することを周知すること。

参考文献・資料

⑴　Poyner, B. and Warne, C.（1986）, *Violence to Staff - A Basis for Assessment and Prevention*, Health and Safety Executive, London: HMSO

第11章
入所とデイケアの現場

　本章は、入所ケアの現場に焦点を当てるが、その多くが、デイケアの現場にも当てはまる。両現場における暴力事件の蓄積されたエビデンスは、暴力行為が生じる環境に特に注目すること、事が起きた場合、攻撃を減らして速やかに効果的にそれに対処する体制の作り方が必要なことを示している。

　一般にフィールド現場よりも暴力事件が多いということは、幾つかの特別な要素が働いているであろうことを示唆している。多分、最も明白なポイントは、それらの現場では、ワーカーと利用者の接触のレベルが高いというところにある。すなわち、緊張が高まる機会が多く、「クール・ダウン」するための自然な休憩が少ない。

　入所ケアの現場では、次のような理由から、すべての年代の入所者が、特別なストレスにさらされているであろう。

- 不安を伴った入所時の影響
- 病気によるストレス
- 共同生活のプレッシャーとプライバシーの欠如
- 家族や友人との接触を続けられない懸念
- 入所者グループからのプレッシャー
- スタッフから受ける評価や組織の限界

　2人以上の入所者と面接中にスタッフに直接向けられたわけではない暴力の結果、スタッフが傷害を受けた事件も報告されている。

第1節 ┃ 入所者

　Warner報告によれば、児童ホームは、普通、9歳から10歳の児童の施設であるが、その平均年齢は14歳であり、少年少女が90％を占めている[1]。入所児童の約66％が行動問題を有しており、約33％が性的虐待を受けていた。従って、児童を施設の設備やケアのレベル、専門性に合わせることに注意深い配慮が必要である。

　Walesで1991年に行われた児童ホームのレビューにおいて、深刻な行動問題を有する児童と、自身の行動問題というよりは家庭の事情で入所してきた児童とを分けて処遇すべきことが勧告されている[2]。

　年長で混乱した入所者による暴力は、スタッフや被雇用者が気づきにくい領域である。それは、性的、人種的虐待、脅しやつねったり、蹴ったり、叩いたり咬んだりする行為として現れるであろう。

第2節 ┃ スタッフ

　不幸なことであるが、多くの最も脆弱なクライエントが入所現場で、経験不足や訓練を受けていないスタッフによってケアされている事実がある。身の安全を守る戦略として、スタッフの採用、スーパービジョン、支援と訓練の問題に取り組む必要があろう。

　自信があり、よく支援されているワーカーは、攻撃にうまく対処し得るであろうし、自己の行動が攻撃を引き起こす切っ掛けにならないようにすることができよう。攻撃を引き起こしがちなワーカーの行動に関して、Strathclyde地

域自治体が次のように指摘している。

- 不適切な身体的態度、挑戦的、ぞんざいな対応
- 優位に立ち、支配し、権威を振りかざしたいという明らかな姿勢。ある筆者は、「彼らは、たびたびスタッフも少年も、メンツを失うことなく引き下がったわけではないという状況にもっていきがちである」と述べている。
- クライエントへの恐怖、彼らとの関係の不足
- ストレスの影響、休息の欠如、忍耐のレベルを下げてしまう残業
- 管理や規則の責任の一貫性がないこと
- クライエントの処遇において、クライエントをレビューや議論に参加させるといったより公開性が求められるようになってきた。それによって、ワーカーがうれしくない事実に直面する機会も増えてきたこと。
- 人手不足、経験不足と支援の欠如
- 暴力や暴力を起こす恐れのあるクライエントの情報を同僚にうまく伝達しないこと[3]

Warner報告は、また次のことを明らかにした。「あまりに多くの無資格で、時に効果を発揮できない入所ケアスタッフが、不十分な訓練とスーパービジョンを受け、この国で最も困難な児童の処遇にたずさわることを余儀なくさせられている」。その結果、スタッフに強いストレスをもたらし、Staffordshire Pindown事件のような不適切な行為や虐待行為が増えることなろう[4]。

歴史的に入所部門は、軽視されてきた。スタッフの賃金は安く、サービスの質は低く、訓練も不十分であった。Warner報告は、児童ホームのスタッフの採用、教育と管理について貴重な勧告を幾つか行っているが、その多くは、成人の入所ホームにも当てはまる。

スーパービジョンについて、Warner報告は、次のように述べている。

「傷つけられ、混乱し怒る児童に日常的に関わる仕事は、骨の折れる経験であろ

う。定期的で効果的なスーパービジョンがなければ、ケアワーカーは、直面する行動への対応について誰にも話すことができないということに気づき、疲弊していくであろう。ワーカー自身の怒りやフラストレーションは、自分に向かい、バーンアウトに陥り児童に十分なケアを提供できなくなるであろう。」（94ページ）

　勧告は、業務に基づく訓練をはじめ、訓練や学習の材料として疑問や失敗を創造的に活用する職場の雰囲気作りについても提言している。スタッフは、また職場の管理ラインと離れて、外部のストレス・カウンセリングを受けられるようにすべきである。

　ある状況下では、スタッフは、クライエント自身や他の人を守るためにクライエントの拘束が必要であるかもしれない。拘束は怒りを引き起こすかもしれない。それは、差し迫った深刻な危険がある場合にのみに行われるべきである。雇用者と被雇用者は、拘束に関して、保健省のガイドラインを参照すべきである[5]。スタッフが、拘束が必要と思われる状況を取り扱うに際しては、事前に文書化された機関のガイドラインを配布し、バックアップのためにトレーニングを受けさせるべきである。

第3節 ▎場所とデザイン

　入所ホームの雰囲気は、スタッフ、入所者と物理的環境という要素の組み合わせに左右されるであろう。その場所とデザインが、入所者、スタッフや訪問者に影響を与えるであろう。

　入所ホームの場所は、多様性に富んでいる。郊外の単独で建っている「堂々とした屋敷」（stately home）から、目的に特化した都会のホームまで色々である。新しいサービスを企画する場合、場所の選定には注意深い熟慮が求められる。成人と児童にとって、商店やレジャー施設へのアクセスは、孤立や「違

い」（different）の感覚の軽減につながるであろう。公共機関へのアクセスが容易なことは、親族や友人に会ううえで非常に役立つであろう。

　建物それ自体のデザインは、そこで生活したり仕事をする人の士気に大きな影響を及ぼすであろう。入所ケアに関するWagner報告は、例えば寝室を共有しないといった入所者のプライバシーに配慮すべきことを強調している[6]。その趣旨は、単にプライバシーのためにデザインするだけでなく、人との交わりのためにもデザインされるべきということである。個室、訪問者と歓談する部屋、共にレクレーションを楽しむ設備は、各人のウェルービーイングと健全な仲間意識を高めることに貢献する。

　歓迎の気持ちを表わすために室内の装飾と家具に気を付けるべきである。できるなら、寝室用の色彩を選べたり、個人の好みを反映できる柔軟性があれば、それは個人尊重の雰囲気づくりに役立つ。

　デイケアの現場なら、グループ活動用の設備が必要であるし、個人用の仕事スペースや頭を冷やすための「引きこもりスペース」（withdrawal space）もまた与えられるべきである。

第4節 ▌ マネジメントの問題

　入所ホームのマネジメントとは、スタッフの業務遂行と彼らの支援とスーパービジョンに責任を果たすことである。すなわち、入所者とスタッフが、例えば、心理師、精神科医やカウンセラーといった外部の専門家に援助を求め、相談できるようにしなければならない。

　それぞれの組織は、明確な目標と目的を有して公表し、それをサービスの発展とスタッフへの支援の準拠指針として活用しなければならない。Warner報告は、児童ホームの監査指針として以下のような項目をあげている。

　●目標と目的の明示

- 建物の物理的状況と修繕

- 快適さ

- プライバシーと個別性

- 報酬と制裁規定

- 管理手続き

- 処遇とケアの方針

- スタッフのレベル

- スタッフの経験、資格とトレーニング

- スーパービジョンと評価の頻度と性格

- 児童の権利と不服申立て手続き

　スタッフの保護の必要性とともに、勤務パターンは、その組織の理念を反映したものとなるべきであろう。スタッフの役割と人数は、幾分、調整が必要となるかもしれないし、仕事のシフトにも注意しなければならないであろう。多くの児童入所ホームでは、例えば、デイケア・スタッフの勤務終了時刻は、午後10時である。その時間では、年長児は起きて活動しているであろう。輪番表の作成に当たっては、非常事態に適切な対応ができるようにするために、シフトや夜間、週末の組み合わせで隙が出ないように常に配慮すべきである。

　訪問者受付の方法について、レビューすべきである。入所、デイケア施設では、訪問者はスタッフによって迅速に対応できるように体制を整えておくべきである。

　地方自治体社会サービス部では、緊急事態対応チームが、入所施設での暴力リスクを減らすうえで有益な役割を担っている。そのチームは、緊急入所のため日々の空き状況を常に把握している。さらに、たとえ空きがあったとしても、他の要因で使えない状況も把握していることが重要である。

参考文献・資料

(1) The Warner Report (1992), *Choosing with Care - Report of the Committee of Inquiry into the Selection, Development and Management of Staff in Children's Homes*, London: HMSO.

(2) Welsh Office (1992), *Accommodating Children - Review of Children's Homes in Wales*, Cardiff: Welsh Office.

(3) Strathclyde Regional Council (1987), *Violence to Staff - Policies and Procedures*, Glasgow: SRC.

(4) Kahan, B. and Levy, A. (1991), *The Pindown Experience and the Protection of Children - Report of the Staffordshire child care inquiry*, Staffordshire County Council.

(5) Department of Health (1993), *Permissible Restraint*, London: HMSO.

(6) Wagner, G. (1987), *Residential Care - A Positive Choice* (The Wagner Report), London: HMSO.

第12章
職場外での対応

第1節 ┃ 家庭訪問

　攻撃や暴力を誘発する原因のひとつが、プライベートな生活への侵入があったと相手が思う場合である。多くのソーシャルワーカーが、日常的にクライエントの家庭を訪問している。特に家庭環境が、アセスメントやモニタリング業務の対象として位置づけられている場合に訪問する。

　状況によっては、他のワーカー、例えば、保健、住宅や警察関係者といっしょに訪問することもあろう。同行訪問は、暴力の可能性が示唆される場合で、用心すべき問題があるケースで有益である。二人以上のワーカーの存在は、何はともあれ暴力が起きることを予防するであろう。しかし、あるケースでは、それがかえってクライエントの脅しや怒りに火をつけることもあり得る。

　家庭訪問時、ソーシャルワーカーへの暴力が起きてしまうのは、ワーカーがなぜその家庭を訪問しなければならないかという理由に左右されよう。特別なニーズをもつと判断された児童の親に支援や援助を提供するために訪問するワーカーと、児童を保護するためにやってくるワーカーとでは、全く違った受けとめ方をされることになろう。Brown、ButeとFordは、フィールドのソーシ

ャルワーカーへの攻撃の半分以上は、法定の業務を遂行する時に起きていることを見出した⁽¹⁾。

家庭訪問をする理由の如何を問わず、訪問の基本的ルールは、それが「彼らの」家であること、つまり「彼らの」領域であることを忘れないことである。「普通」の状況下では、人は自分の家を思い通りに使っている。が、ソーシャルワーカーの訪問は、それを覆すものかもしれないのである。人は、ソーシャルワーカーが、自己の領域に侵入してきて、権利を奪い、ルールや規範を押し付け、文字通り家を支配するとの思いに駆られるかもしれない。

ソーシャルワーカーは、自己の職務を果たすために他人の家を訪問する場合が多いのであるが、それは必ずしも必要とは限らない。従って、ソーシャルワーカーは、次のような問いを立てて訪問の必要性を考えてみるべきである。

- クライエントの家庭を訪問する「必要」はあるのか？ そのクライエントを来所させる交通手段を手配することはできないのか？ 特にそのクライエントとあまり接触がない場合や攻撃や暴力行為の前歴があったり、また家庭訪問が問題発生の切っ掛けになりそうな場合には、来所させることを考えるべきである。
- 「一人」で家庭訪問しなければならないのか？ 人的資源が手薄であったり、仕事が立て込んでそれが難しい場合であっても、同僚の同行訪問を考慮できないか？
- 家庭訪問をする前に、暴力の記録がないかを確認すること。記録資料がない場合、当人を担当していた同僚に聞いてみる。
- 職場を出る前に、行先、計画、訪問終了と職場に戻る予定の時間を職場に通知しておくこと。また職場の同僚にチェックを依頼しておくこと。携帯電話がない場合、電話するための電話番号のメモ、現金とカードを持って出ること。
- 雇用者は、出張時等に利用する携帯電話や双方向の無線機の提供を考慮すべきであろう。
- できるなら昼間に訪問すること。
- 訪問家庭に着いたら、その周囲を点検してみること。高層ビルの最上階、郊外

の路地、一方通行なのか？　すぐその場を離れることができる駐車場に車を止めるようにする。公共交通機関や賑やかで明るい場所への最短ルートを調べておくこと。

● 訪問家庭では、自身が訪問者であることを忘れないこと。すなわち、名前と所属を伝えて、もし持っていれば身分証明書を提示すること。一方的な思い上がりを捨てること。以下のガイドラインに従うこと。

―相手を確認すること。

―訪問予定者本人であることを分からせる。もしくは、来訪の理由を理解させる。

―勝手に家の中に入らないこと。入ってもよいか尋ねること。

―常に訪問先は他人の家であり、その人の領域であることを忘れずに。相手は、訪問者を室内に案内し、コートを預かり、席を勧めて、紹介する。

―もし、戸口で攻撃的な対応をされたり、クライエントが酔っていたり、自制心をなくしているように見えたら、その家に入らず、用件を果たそうとはせずに直ちにその場を去るべきであろう。

―家の中に入る際に何が大切なのかを考えること。ハンドバッグや書類カバンは、できるだけしかるべき所に置いてから、入室すること。家主に読まれたり、見せたくない書類等を持ち込まないこと。

―家の中では、周りの状況に注意を払い、できる限り出口への動線を確認しておくこと。

―室内の印象にこだわらないように努めること。例えば、匂いがする、非常に散らかり汚いといったことに意識を集中しない。

―常に気分、動作と表現の変化に注意を怠らないこと。

―自分の持ち物をやたらと広げないこと。早急に訪問先を出る必要がある場合、それらを片付ける暇がなくなるから。

―リスクを感じた場合、できるだけ早くその場を離れること。退出を妨害された場合、その状況を変えるように努め、抵抗せざるを得ないこともある（第16章参照）。

—自分の身を守る行為を行うこと。その際、失敗を恐れることはない。

第2節　ホーム・ケアワーカー

　上記のガイドラインは、ホーム・ケアワーカーにも等しく妥当する。クライエントから暴力を受ける懸念がある場合、スタッフの身の安全を守るためにどのような手段を取るべきかを考えるために、ホームケア・マネージャーやスーパーバイザーと話し合いが行われるべきである。その話し合いの結果、経験豊富なホームケア・ワーカーや問題のクライエントと顔見知りであったり、受け入れられているワーカーに担当を代わってもらうこともある。

　ホームヘルプでは、宿泊料を集めることが一般的になっているが、これはクライエント以外の人から攻撃される可能性を増大させる。地方自治体社会サービス部長協会は、「すべての自治体は、この業務を行うに当たって生じる危険性を最小限にするために、クライエントの宿泊料集金システムをレビューする必要がある」と勧告している[2]。

第3節　家庭以外の施設への訪問

　他の施設を職務で訪問する際も、クライエントの家を訪問するのと同様の問題が幾つかある。ワーカーは、他者の領域に入ると、多かれ少なかれ歓迎されるかどうかは、その訪問の性格に拠るであろう。ソーシャルワーカーは、地域の雇用施設（企業や商店等）、警察署、裁判所、刑務所、病院、学校、ボランタリー組織の事務所、救護施設、入所施設やデイケアセンターを訪問することがあろう。本章で指摘してきたポイントは、他の施設訪問時にも妥当する。ソーシャルワーカーは、その他にも以下のポイントを留意すべきである。

- もし見知らぬ人から会いたいとの電話があった場合、通常の手続きとして、氏名、機関、住所、電話番号等を確認のうえ、電話をこちらからかけなおすべきである。

- 会いに行くことに何かしら疑問や懸念がある場合、職場に電話したり、どこに行くのか、また連絡方法を書いたメモを職場に残しておくこと。そうすることで、居場所とスケジュールを明らかにすることができる。

- 身の安全を損なうことなく助けを求めるために、「災難」（distress）信号をあらかじめ決めておくこと。

- 他の組織の施設を訪問する場合、その施設が開いている営業時間内にのみ行くこと。

- 施設内に入れば、自分のいる場所と避難する方法を確認するよう努めること。

- その施設内の静かで離れのような所にいる場合、避難口に行ける場所を確保し、できればドアに近い所に席を取ること。

- 自分の職場に帰るために利用する交通手段をあらかじめ決めておくこと。

- 困難に直面した場合、その施設から離れること。それができなければ、注意を引いたり、助けを得るために大声を出すこと。

- ある施設を訪問したり、そこで働いている時に、懸念や問題をもったり、何らかのハラスメントを経験している場合、失敗感から、また大げさだと受け取られないために、そのことを隠す必要はない。同僚やスーパーバイザーに電話して、次回から同行訪問や同席をできるように調整してもらうこと。

- よく知らない人と食事に出たり、他の場所に行かないこと。もしそうしなければならない場合、そのことと誰と行くのかを職場に通知しておくこと。

第4節 ▎ 在宅勤務時の注意

　ソーシャルワーカーを含めて仕事を在宅で行うことが、ますます一般的になっている。多忙なソーシャルワーカーは、例えば、家で詳細な報告書を作成し

たり、ざわめく事務所を離れて重要な書類の読み込みに充てている。こういった仕事は、在宅で行うことが時間の節約になる場合が多い。

以下のガイダンスがワーカー各自に役立つ。

- 家の入口や電話帳には、名前のイニシャルか苗字のみを記すこと。入口に何も記することなく、また電話帳に名前が載らないようにすることも可能である。人名検索表に、電話番号を載せないこともできよう。
- Yaleタイプの鍵は、簡単に破られる。共同基準3621に準拠したデッドロック・タイプの鍵がよい。鍵を壊されない強度があるのかドアや窓を確認すること。
- 鍵の「安全な」保管場所として、樋の中や植木鉢やドアマットの下に置かないこと。
- ドアに来客確認用の覗き穴を付ける。
- 身元が分からない来客に注意し、身元を確認すること。もし、何か疑わしい点があれば、中に入れないこと。
- ドア・チェーンを付け、それを活用する。
- 外出する際は、すべての窓に鍵をかけ安全を確認すること。在宅で、窓が開いている場合、そのことに注意すること。
- 暗くなれば、カーテンやブラインドを引くこと。一人でいることを公にしない。
- 電話を使わせてくださいといった助けを求めて入り口に人が来た場合、中に入れずにあなたが電話をかけてあげること。
- アラーム・システムがある場合、入口のドア、寝室や必要だと思う場所に緊急ボタンを付けること。不意の場合でもアラームを作動させることができよう。
- 家の外で何か不審な物音がある場合、特に深夜は一人で見に行くことは止めて、警察に連絡すること。
- 鍵を紛失した場合、鍵を交換すること。
- 長期に外出する際は、牛乳と新聞を止め、郵便物を整理し、友人や隣の人に家の中の確認を依頼し、地域の「近隣見張り番」（Neighbourhood Watch）や警察に連絡を入れておくこと。

定期的に自宅から外勤を行う場合、以下の点についても注意すべきである。

- プライベートの電話番号を知らせないために、業務用の電話番号を用意すること。そうすれば、業務用に切り替えたり、また業務時間外には留守電用に用いることができよう。
- 業務用の手紙は郵便局の私書箱を用いれば、個人の住所を知らせなくてもよくなる。
- 完全に安全だと確信できる場合にだけ、自宅で会うことをOKすること。
- 人と会うときは、公共の場、事務所や職場で会うこと。あなたが、どこで誰とどのくらいの時間会っているか、また戻ってくる時間を知らせておくこと。会う人に、自分の居場所や行動を他の人に知らせていることを示すこと。
- 日中、電話したり、居場所を報告できるように友人や近隣の人と調整しておくこと。必要がある場合、安全確認のために居場所に電話してもらうことも依頼しておく。
- 勤務時間外に人に会うことを避けること。
- 常に業務日誌を付けて家に置いておくこと。もし、あなたが失踪した場合、跡を追うこと、連絡を取ること、行動を知ることに役立つであろう。
- 安全でないと感じる場所や地域に行かないこと。常に、犯罪率が高いインナーシティやうらぶれた場所よりも、人が多く明るい公共の場を選ぶこと。
- 何か不安を感じる場所や時間外に会いに行かねばらない場合、同行訪問を依頼すること。

第4節 ▌ 出　張

ソーシャルワーカーは、職場でのみで仕事をしているわけではない。ワーカーの多くが、クライエントの家、学校、病院、救護施設、他の機関、警察署、刑務所や裁判所に出張している。事務所基盤のワーカー、入所施設基盤のワー

カーやデイケアセンターで働くワーカーも、徒歩、公共交通機関や自家用車で通勤せざるを得ない。その間、リスクが必然的に存在する。

　雇用者は、被雇用者が仕事で出張することも、雇用者の責任であることを忘れるべきではないし、被雇用者のために書面でガイドラインや手続きを作成するよう努めるべきである。出張の安全ガイドラインは、第18章で取り上げる。

　時に雇用者が、スタッフの居場所、会っている人や帰りの時間等を記録して把握することが難しい場合もある。それは、例えば、ソーシャルワーカーが、自分の勤務時間を自分で計画してマネジメントすることに慣れており、また自分の行動を詳細に報告することを嫌う傾向があるからである。ワーカーは、信頼されておらず、それでチェックを受けるのだと感じるかもしれない。また、仕事の都合が変更になるごとに、遺漏なく記録や日程表を変更する作業は、かなり面倒である。もちろん、遅すぎる記録や不正確な記録は、記録しないことよりも良くないことである。

　スタッフの訪問記録が手続き上、求められる場合、モニタリングを行わなければならないだろうし、それが行われない場合、制裁を科す必要が出てこよう。

　そのような必要がある場合、居場所確認の必要性を、被雇用者に「理解」させる。被雇用者に、一人で仕事をするリスク、孤立しているリスク、接触しないリスクと見守られていることを示す必要があろう。記録することが良いという考え方を納得させるには、行方不明や連絡なしの職場状況の例を用いて、そこで起きたことを提示するのがよいであろう。記録の必要性を被雇用者に納得させることがベターなのであるが、それがうまくいかない場合、雇用者は、記録をするように強制する必要があるかもしれない。

　どのように記録を書くのかということは、働いている場所と仕事の種類に依存するであろう。記録システムを定める前に、その基本ルールを、例えば以下のように明確にしておく必要がある。

- クライエントの性格をチェックしないで、訪問したり、接触しないこと。
- 私用の電話番号を知らせないこと。

- 訪問の種類や長さにかかわらず、また誰か他の人が参加していようとも、記録様式に従って記入すること。

組織の記録システムの例を幾つか示してみよう。

- 建物の受付台に記入ノートを備えておき、すべての人に入出の記録を付けさせる。外出の際は、どこに、誰と、面接する相手と、戻る時間と、連絡先（例えば、電話番号）を記入しておく。受付担当者は、もし記入された戻る時間に戻っていない場合には、そのことを知らせる責任がある。そして、知らせを受けたマネージャーは、連絡を取る責任がある。
- すべてのスタッフには、組織から業務日誌帳が配付され、すべての事務所外の訪問、会議等の詳細をそこに記入するように求められる。スタッフは、その日誌を正確に書くこと、もし必要があれば、秘書や事務スタッフに出張内容の変更を電話連絡する責務を負う。
- 各スタッフ・チームには、一人の事務管理者が配置され、毎週、日誌用紙を配るようになっている。スタッフは、変更や帰る時間の遅れをつぶさに管理者に知らせなくてはならない。もし、スタッフが予定の時間になっても帰らない場合、チーム・リーダーに報告し、リーダーはスタッフに連絡を試みる。

　私用の電話番号を公開する危険性をすべての出張者や普段の職場を離れて職務をする人に伝えるべきである。事務所外で職務に従事したり、出張している人は、クライエントに私用の電話番号や住所を知らせたいという誘惑にかられることが多い。もし、職務時間外に連絡を取らないといけない場合、携帯電話やポケットベルや、ライン用電話機の配付を考慮すべきである。

参考文献・資料

(1) Brown, R., Bute, S. and Ford, P. (1986), *Social Workers at Risk: The Prevention and Management of Violence*, London: Macmillan.

(2) Association of Directors of Social Services (1987), *Guidelines and Recommendations to Employers on Violence Against Employees in the Personal Social Services*, Worcester: ADSS.

第13章
アフターケア

　組織が最善の洗練された安全のための政策と手続きを採用したからといって、それで暴力事件が起きないというわけではないであろう。安全を保障することが不可能なら、暴力にさらされている誰もが利用できるアフターケア・サービスの発展が、次の重要なステップである。そのサービスによって、組織は、支持、実際の援助、もし必要があれば専門職にアクセスできるという課題に対処できる。アフターケア・サービスの例を、以下に記述する。

　暴力事件後、直ちに被害者に何が必要かを聞くことが大切である。できる限り、マネージャーや同僚は、そのニーズを満たすようにしなければならない。例えば、当人は直ぐにもその職場から離れたいと思っているとすれば、代わりのスタッフを用意しなければならないだろう。もし、身体的暴行を被っている場合には、できるだけ速やかに医療に回さねばならないだろう。

第1節　報告受理

　調査によると、長期のトラウマを避けるためには、暴力を受けた人は、事件後できるだけ速やかにその事件を伝えることが必要である。その最初のステップは、組織の中に簡単な報告を受ける人（例えば、人事スタッフ、保健や福祉ス

タッフ、ラインの管理職）を決めて、彼らを訓練することである。そして、組織のすべての人にその訓練を受けた人と、その人への連絡方法を周知する必要がある。報告を受ける人は、速やかに対応し、いかなる時もその報告を聞くことを優先すべきである。

　報告を受ける際の大切なことは、以下の通りである。

● 暴言は、身体的攻撃と同様にショックを与えるものである。
● こうすればよかったのにという後知恵的な批判を被雇用者にしない。
● 事件について、こうすべきであったとかこうあるべきあるといったことより、将来このような事件を避けるための学習の方が大切である。
● 報告を受ける人の役割は、暴力を被っている人の話を聞き、支持し、勇気づけることである。この段階で、問題を「解こう」としないこと。
● 報告を受ける人は、自らの限界を知り、専門家の支援に頼るべき時期と方法を心得ておかねばならない。
● 報告を受ける人は、専門的なカウンセラーでもなければ、心理職でもない。彼らは、様々なケースや経過をたどるであろうプロセスの一時期に最初の支援を行う人である。

　事件の報告受理者を任命し訓練するという組織の暴力事件への真剣な対応は、被雇用者の報告意欲を高めるであろうし、彼らは速やかに必要とする援助を受けられるであろう。報告受理の仕組みは、速やかな援助の提供が必要なスタッフに適しているが、一方で外部の専門職による支援が必要なスタッフもいるであろう。アフターケア・サービスは、そのことを理解する必要があるが、報告を受理するだけですべてのケースに対応できると解してはならない。

　ストレスと苦痛に満ちた出来事を話し合うことは、起きてしまったことと折り合いをつけるのに役立つであろう。特に報告受理者が同じ経験をもっている場合は、そういえる。暴力を被っている人が、攻撃された経験をもつ人やそれに立ち向かい克服した人と接触できるように調整することは、有益であろう。

　攻撃にさらされているソーシャルワーカーは、攻撃されていることを、特に関係する同僚や目撃者である同僚に話す必要性を述べている。話し合いは、起きたことの「気づきを高める」うえで役立つし、その現実を受け入れることにも役立つ。話し合いは、また暴力はチーム「全員」の問題だという認識をもたらす。

　部局としての対応は、スタッフが回復し、専門職としての役割に復帰することを支援するうえで重要な役割を果たす。その際、部局が暴力事件を真剣にとらえて、当事者のワーカーもまたチームの残りのワーカーも同様に大事に思っていることが必要である。手紙、カードや花は、具体的な気遣いの現れであり、また攻撃された人へのケアとなる。

第2節 ┃ カウンセリング

　暴力を経験しているスタッフは、当該機関では提供できない専門職の支援や長期の支援を必要としているかもしれない。ソーシャルワーク組織の中には、スタッフのためのカウンセリング・サービスを有しているところもある。また、必要があった際には、頼ることが可能な地域のカウンセリング・サービスを知っているところもある。

　ソーシャルワーク機関は、カウンセリング・サービスを提供している場合が多いが、暴力を被っているスタッフに関わる担当のカウンセラーの必要性を見逃しやすい。ほとんどの場合、ライン・マネージャー以外の支援を講じたり、講習会を基盤にした専門のカウンセラーを雇うやり方が、適切であろう。同じ機関の人と話し合うことは、自己の仕事能力に関する罪の意識や、失敗や不安の感情が絡んで難しいであろう。

　専門的なカウンセリングの提供が、起きている事態を気づかせ、それに対処し、前に進むことを支援するうえで要となる場合がある。カウンセラーは、一般医、被害者支援団体、地域の病院や英国カウンセリング協会といった様々な

方法で見つけることができよう。

　ある組織では、同様の組織同士で、例えば近隣内で相互カウンセリングの仕組みを立ち上げているところもある。それによって、通常のラインの管理から外れて、職場に秘密にカウンセリングを受けることができる。また、被雇用者が、自ら専門カウンセリングを受けられる仕組みを立ち上げ、その費用は雇用者がもつという場合も見られる。

　カウンセリング・サービスの提供には、お金も時間もかかるものではあるが、将来の問題を回避し、ワーカーが職場復帰でき、良い働きをできるようになるならば、その出費は安いものであろう。

第3節　| 被害を被ったスタッフへの訪問

　スタッフが復帰のために職場を離れている場合、事件の報告のためや機関が認めたり、必要だとする他の支援のために彼らに接触することが大切である。彼らは、仕事のことを気にかけ、事件後のことを知りたいであろうし、また人々が、どのようにその事件が起きたかに関わりなく、自分たちを責めずにケアしてくれることを期待している。

　訪問をしようとする際には、彼らが会いたい人物と時期を考慮する必要がある。起きたことを受容するまでに何日か時間を要する人もいれば、同僚と会う前に事件を振り返る必要のある人もいよう。

第4節　| 職務離脱

　暴力のために身体的な傷害を負った被雇用者は、当然、回復のために職務を離れる必要がある。身体的な傷害がない人の中にも、職務から離れる必要のある者もいる。そのような人たちは、起こったことに折り合いをつけ、ショック

から立ち直り、自信を取り戻す必要がある。中には、直ちに職場復帰するほうがよい人もいる。

　雇用者は、暴力事件後、職務離脱をどのように管理するかを考える必要がある。雇用者は、すべてのケースを網羅する給付を設定しなければならないであろう。多様なケースに応じて変動する離職時給付をつくり、個々のケースに最適な給付を適用しなければならないであろう。ケースを個別に取り扱う場合、人はそれぞれ異なるから、その違いに応じて対応し、回復に要する時間も多様であることを心得ておく。それはまた、回復期においては、引きこもる時期も認めることを意味する。

　この方法は、一律に一定の離職休暇日を与える方法よりも管理が難しいのであるが、攻撃を受けた人が自己のペースで立ち直るためには都合が良く、また回復に十分な時間を取れることにも好都合であろう。この方法はまた、あまりに早く職場復帰させた結果、スタッフが、身体的、精神的問題に苦しむことを防ぐであろう。

　職場復帰時においては、就労時間と特別な義務に関する明確な取り決めが役立つであろう。当人が、攻撃を受けた元の職場に復帰することに不安を感じている場合には、他の部局への配置換えを考慮する必要がある。

　クライエントのワーカーへの攻撃が続いている場合、マネージャーと同僚は、接触方法とサービスの提供方法について、考慮すべきである。

第5節 ▐ 費　用

攻撃にさらされているワーカーは、次のような費用を背負い込むであろう。

- 自宅から一般医や病院に行く交通費
- 傷んだ衣服の修繕や交換費用
- 歯科の費用

- 事件で壊された眼鏡や腕時計の修繕や交換費用

- 処方箋費用

- 車の修繕費用

費用弁済規定に正式に合意することによって、その場限りの決定、無定見な決定や不公正な決定を避けることができよう。

第6節　収入の補償

職務を離れなければならない被雇用者は、収入の減少を心配するようになるであろう。直接的には、長期間、仕事ができないためであり、また間接的には、給与は支払われてもボーナスや残業代がなくなるからである。

まともな雇用者なら、一般に職務上、暴力の被害を被っている被雇用者は、家計で苦しむことなどはあってはならないという考えをもっていよう。収入の問題に取り組む雇用者は、その組織の賃金支払いの特殊事情とシステムに大きく縛られているであろう。月給や週給のみ支払われている所では、それは保障されるであろう。ボーナスや残業代が出る場合、被雇用者が職務を離れている間でも、その支給額は事件以前の勤務の平均に応じて算出され、月ごとや週ごとの賃金として保障されねばならないであろう。

職務を離れる場合と異なり、すべての被雇用者に伝えて正確に理解してもらうために極めて明確な収入保障の政策を整備するのがよいであろう。その政策によって、その場限りのやり方でなされる不公平な取り扱いのリスクを回避できよう。

地方自治体は、職務中の病気や怪我の結果、仕事を休んだスタッフに給付や補償のサービスを提供している。また、補助金や手当を提供する自治体の退職手当制度や強制退職への保障制度がある。

第7節　｜　法的支援

　被雇用者が求める法的支援は、暴力事件とその結果の性格によって様々である。あるケースでは、警察は訴追するであろう。この場合、被雇用者に直接費用はかからない利点があるが、補償の当てはないであろう。被雇用者が証拠を示さねばならない時や、組織がそれを支援したり、器物損壊や財産の棄損があったときには、それに伴う負担が発生しよう。法務部や事務弁護士による情報や支援は、被雇用者の証拠提示というトラウマになりかねない作業を回避するために役立つであろう。

　警察が訴追しない場合には、民事訴訟を起こす余地があろう。その場合、まず組織は、その状況で民事訴訟がうまくいくかどうか被雇用者にアドバイスするであろう。民事訴訟を起こすためには、かなりの費用がかかるであろう。組織は、どのような場合に、どのような調整をどの程度できるのかを熟慮しておかねばならない。

　英国では、暴力犯罪で障害を負った場合、（刑事傷害補償を運営する）「犯罪傷害補償委員会」に補償を申請できる。その手続きは、複雑であり、組織は法務部や事務弁護士を通じて、申請を希望する被雇用者に支援とアドバイスを提供するであろう。

第8節　｜　保　険

　雇用関係において暴力の結果、被雇用者が死亡したり傷害を負った場合、雇用者は保険を活用すべきである。地方自治体は、例えば、個人的事故や暴力被害の保険制度を設けている。

第9節 ｜ 避難施設

　クライエントが被雇用者の住所を知っている場合、自宅で被害を受ける可能性があることを考慮するのが賢明である。スタッフの電話番号や住所の公開については、安全手続き上、規定されるべきものである。しかし、このように注意してもなお、執拗なクライエントは、ワーカーの住所を割り出すかもしれない。

　そのような事態は稀かもしれないが、ワーカーが脅しを受けている場合や、攻撃や反復攻撃を被る深刻な懸念がある場合、攻撃者が逮捕され刑に服し攻撃の危機が去るまで、被雇用者とその家族が一時的に避難できる施設が必要となろう。多くのソーシャルワーク機関は、入所施設にアクセスが可能であり、このような特別な事態が起きた場合の「安全住居」（safe house）の確保を考えておくことは有益である。

第10節 ｜ 他のスタッフ

　メンバーのスタッフが、暴力にさらされている時、他のチーム・メンバーや同僚に、様々な動揺が生じよう。中には、暴力的攻撃のリスクについて不安になる人もいるであろう。当初のショック状態から、より身の安全を感じるようになるためには、事件後直ぐに、同僚を安全手続きのレビューに参加させるとともに、6か月から8か月後にも再び参加させることが役立つであろう。

第11節 ┃ 同僚のためのガイドライン

　仲間が暴力を受け、職場に残ろうと離れようと、他のスタッフは、以下のようなガイドラインがあれば、適切な対応を取るうえで役立つであろう。

- 自然な関心は、時に有益であろう。「どうしたの？」と聞くよりは、「大丈夫？」と聞く方が良い。
- 何はともあれ、同僚に関心を示すようにする。しかし、まだ感情や事故の事について話したくない状況にあるかもしれないことを配慮すべきである。
- もし同僚が話したければ、そうさせること。彼の自由に話させること。質問は、十二分に配慮して行うこと。もし話したくない場合、深く突っ込まない。
- 同僚が話をすることをやめたいのなら、無理強いしないこと。
- 同僚がその事件について行った、また行わなかった行為について語る場合、その行為を批判しないこと。
- もし、それでも同僚のことが心配になったら、相談すべき訓練を受けた人を紹介すること。同僚がそうしようと感じなかったり、それでもなお援助が必要だと思うのなら、ライン・マネージャーや人事スタッフに知らせるべきである。

第II部
安全のためのガイドライン

第14章

面接技術

　ソーシャルワーカーやケアワーカーは、微妙な問題に関わる面接を定期的に行っている。対人スキル、面接技術や困難対応を含まない専門訓練コースはほとんどないといってよいであろう。以下のガイドラインは、ソーシャルワーカーが効果的な面接を行ううえで、また誤解やフラストレーションを避けるうえで役立つであろう。

- 科学的な知識で被面接者を幻惑させないこと。彼らが理解できる言葉を用いること。ただし、偉そうにしたり、見くびった態度で話さないこと。
- 握手をして、名前を名乗る。相手がまだ知らない場合、身元と用件を説明すること。
- 被面接者を部屋に案内する。歩くときは横並びに、階段を上るときは先に、降りるときは後につくようにする。
- もし被面接者が、あなたの性、年齢や階級等の理由で話しにくいようであれば、彼らの承諾を得て誰か他の人に担当を変更してもらう。
- もし被面接者が過去に攻撃的で暴力的なことを知っていた場合、できる限りその事件を洗い出すこと。それは、面接計画を立てたり、面接をうまくやるうえで役立つであろう。
- 過去の攻撃や暴力の話を聞かされても動揺しないこと。それは、誇張されてお

り、それにとらわれて、面接に悪影響を及ぼすかもしれない。

● 身なりに気をつけること。服装や見栄えをどうするかは、もちろんあなた次第ではある。しかし、以下のことを避けるようにした方が良いであろう。

　―ネクタイ、ネクタイ付きのブラウス、ネックレス等の首を絞められる恐れのあるもの

　―引っ張られたり、引きちぎられる恐れのあるイヤリング

　―引っ張られる恐れのある長い髪

　―逃げ出す必要があるときに走りにくい靴

● 被面接者との位置関係を考える。

　―同じ高さに座る。

　―45度の角度で座るとあまり脅威を感じさせない。対面座りは対決的であり、横座りは協調的である。

　―安全のために、机を挟んで被面接者と座りたいと思うかもしれないが、それが障壁になることもあり得る。

　―攻撃的、暴力的な人は、通常より緩衝ゾーンを広くとるので、スペースを広めにとる必要があろう。

● 被面接者と真剣に話し合っていることを示すために、ノートを取ることを考えるべきであるが、それは面接者のためにしているとか、何か秘密の記録を取っているとの疑いを被面接者に抱かせないように注意すべきである。そのためには、適度なアイコンタクト（視線を合わすこと）が役立つであろう。

● 共に立っている場合、リラックスするように努め、被面接者の立ち位置に合わせること。

● 座っている被面接者の背後に立たないこと。それは、強要、優越や威圧の印象を被面接者に与える。

● 共感、思いやりを用いて、また理解していることを示すために相手の述べたことを繰り返すことを通じて、攻撃性をやわらげるように努める。

● たとえ、ささいな問題であっても、問題は、迅速に解決するよう努めること。役立っていることとその解決に努めていることを示すべきである。

- 問題を客観化すること。もし、何らかの規則に従っている場合、そのことと裁量が限られていることを説明すること。
- その一方で、もしあなたの態度が、攻撃や暴力の切っ掛けになるような困惑や精神的苦痛を相手にもたらしているのなら、お役所的な態度から個人的な態度に変えることが役立つであろう。
- 「静かに」とか「馬鹿なことをしないで」といった挑発的な表現をしないこと。
- 「～の状況に『私たち』は置かれている」「『私たち』は～する必要がある」「『私たち』は、この方法でやってみよう」といった（問題を共有する）「私たち」という言葉を用いて、より穏やかなアプローチを取ること。
- 守れない約束はしないこと。
- 攻撃に引き込まないこと。侮辱、ののしり、脅しや、あざけりを用いないこと。
- 期限を設けないこと。例えば、「2分以内で終わらないのなら、私は出ていきます」といった言い方は、被面接者との関係を断ちかねないし、また彼らをいらだたしくさせる。
- 傾聴すること。うなずくことで聞いていることを示す。「そうですね」「分かります」といった表現を用いて、傾聴していることを示すこと。
- リラックスした態度で接すること。腕を組むような拒否的ではない開かれた態度を取る。
- 面接中、ペンで机をタッピングしたり、何かをいじったり、落書きしたりしないこと。
- 状況が険悪になってきた場合には、休憩を取ること。それによって、緊張が和らぐであろう。腕を伸ばしたり、お茶を取りに行ったり、場を変えてみることも容易にできよう。

第1節 ▍ 危険の察知と回避

身体的健康

　身体的健康は、安全に多大の影響を与えるであろう。特に必要な時に回避行動を取る能力に影響を与える。

　健康を害したり、疲労困憊したり、ストレスを感じている場合、身の安全を確保するためのエネルギーと注意力が不足がちになる。難しい人や状況に対処することがうまくできなくなるであろうし、また、困難な状況を危険な状況にエスカレートさせてしまうかもしれない。自分の健康状況を良好に保つ方法を色々な角度から多面的に考えてみよう。どのような時に落ち込み、不調となり、また疲労困憊するのかを認識し、自分自身をケアすることから始めよう。例えば、以下のような方法があげられよう。

- **適切な食事**：ダイエットや多品種を良く考慮した食事を取ること。定期的に食事時間を確保して食べること。高カロリー、砂糖、アルコールのような刺激物を過度に摂取しないこと。
- **エクササイズ**：定期的に毎日エクササイズを行うこと。きつめの散歩、毎日の水泳やエクササイズ機器の使用等である。
- **十分な睡眠**：必要な睡眠を十分に取れるようにすること。ベッドに入る前に、リラックスし、風呂に入ったり、読書や軽い飲み物を取ること。ただし、アルコールや睡眠薬は避けること。
- **リラックス**：リラックスできる趣味を始めてみる。ヨーガや瞑想を学ぶ。外出や何かをしてみる、また人に会ってみる。日々、音楽を聴いたり、気ままに好きなことに没頭してみる。

あなたが与えるメッセージ

　人があなたをどのように見ているのか、あなたが与えるメッセージについて
考えてみる。あなたは、自信や確信ありげに、嬉しそうにまた競争心をもって
いるように見えるであろうか？　神経質で、不安げで、不快で不確かなように
見られがちであろうか？

　攻撃される人のタイプに関する調査結果の多くが、われわれが与えるメッセ
ージが、暴力を引き起こすきっかけになったり、逆に暴力の対象になりにくい
ことに影響を与えていることを示している。自信のある姿勢、動き、表情や行
動は、攻撃される傾向をより低くさせる。そのような自信に満ちた態度を表現
するために、以下のような方法がある。

- 背を曲げた姿勢を取らずに、まっすぐに立つこと。
- よろよろ歩くのではなく、しっかりとリズミカルに歩くこと。
- 頭を上げ、前を向き、うつ向かないこと。
- 周囲に注意を払うこと。危険を感じても、おどおどせず、臆病な様子を見せな
  いこと。
- 目標を見失わないこと。取り乱したり、迷ったりしている様子を見せないこと。
- 目線を合わせる（アイコンタクト）こと。
- 自己を見失わず自制が利いているように、落ち着いた誠実な様子を見せること。
- 手をきつく握ったり、いじったりして、緊張したり、神経質な印象を与えない
  こと。
- 両足に均等に体重を置いてバランスの良い姿勢を取ること。安定安心を与える
  様子を見せること。

他者への気づき

　すべての人と同様、人に対して第一印象をもち、こういう人だと思うであろ
う。このような印象や仮定は、吟味を経ない大変直接的なものである。それが
正しい場合も間違っていることもあるだろう。その人と付き合っているうちに、

それを変えることも、また変えない場合もあろう。それらの印象や仮定は、時として我が身の安全の判断とリスクの回避に役立つであろう。

　身の安全からいえば、正確で公正な判断ができるまで待つということはしない方が良いから、正しいとか誤っているとか、また他者に正しいことをしているとかは、ある意味、問題ではない。例えば、夜、女性が歩いている時、向こうから明らかに酒に酔った一群の若者が迫ってくるのに気付いた場合、怖さを感じるかもしれない。彼らは、ただ楽しんでいる良き若者たちかもしれないし、そうでないかもしれない。最も賢明な選択は、最悪を考えて道を変えることであろう。あなたの印象や仮定が、非現実的な先入観や一般化に基づいているかもしれない。そのような仮定や先入観やステレオタイプに基づくあなたの態度（ボディ・ランゲージ、声、アイコンタクト、マナー）が、攻撃や暴力行為の引き金になる結果を招くこともあり得る。特にこのことは、相手が、あなたの「領域」に取り込まれていると感じている時、何らかの理由で動揺している時、不満を言うためにイライラした気持ちで来所した時、また自己のニーズを満たすために役所と闘おうと決意している時に、該当する。

　攻撃や暴力行為の引き金になるような行為として、以下の例があげられよう。

- 人を見下すような態度で話す。恩着せがましく接する。
- そのようなやり方は、間違っていると相手に言う。
- 公的な権威に固執する。
- 他者の関心、動揺、フラストレーション、問題を取るに足らないことと捉える。
- 人の住所や名前を間違ってしまう。
- 特有の言葉やフレーズを使用する。
- 単なる仮説（例えば、「女性はコンピューターが理解できない」）を表明する。
- 笑いものにする。
- 組織で使う用語を用いる。

相手に対する行動の仕方について考えてみよう。それが望まない反応を引き

起こしかねないものであるかどうか？　自身の行動をアセスメントしてみよう。また
できれば、相手があなたをどうとらえているか、相手に聞いてみよう。相手
の立場に身を置いてみよう。そして、相手が何をどのように感じているのかを
想像してみよう。そうすることで、適切な対応かどうかを判断できるであろう。

共　感

　われわれは、我が身の安全のために、自分にとって困難なまた脅威のある状
況に目が行きがちである。しかし、他者もまたそのように感じていると考えて
みることが、重要でありまた役立つ。

　他者に関わる様々な状況、特にサービスを提供する、人の抱える問題に対処
する、また法執行に関わる場合、時として困難な対人関係に直面しがちである。
人は、動揺したり、いらだったり、またフラストレーションを抱えているとき、
自己を抑制したり、日常の理性的態度を必ずしももちえない。もし、暴力に至
れば、苛立ちや不適切な対応によって、彼の行為は、物事をより悪い方向に導
くであろう。これは、分かり切ったことではあるが、どうしようもない。

　暴力的な人に直面したとき、苛立ったり、怒らないように努めよう。むしろ、
共感してみよう。（たとえ彼が誤解していようとも）彼がその状況をどうとらえ
ているのかを受容しよう。（たとえ彼が不合理であっても）彼の気持ちは彼にと
って真実であることを認めよう。それが彼の出発点なら、彼の行動は適切であ
る。少なくとも彼にとっては。別のたとえでは、彼らの靴を履いた場合、あな
たはどのように行動するのかを想像してみよう。これが、他者と同じ立場から
出発するのに役立つ最初の段階である。彼らの考えていること、抱いている信
念や気持ちを把握できれば、彼らがなぜ動揺し怒りに駆られるのかが容易に理
解でき、また彼らを糾弾したり、怒りに駆られることも避けることができよう。

　このアプローチは、自己防衛しなければならないという感情や、相手が悪い、
相手に勝ったという感情に陥るのを避ける意味合いがある。勝ち負けではなく、
ウィン・ウィンでなければならない。このアプローチを達成するには、2つの
観点から出発する必要がある。ひとつは、両者の共通目標であり、もうひとつ

は、両者を満足させるような結論や解決（必ずしも完全なものでなくてよい）に
至るプロセスの明確化である。

　不幸なことに、多くの場合、暴力の場面は負け・負けの関係に陥る。相手の
立場から状況を見ようとは考えないために、関係者は不満足か傷つくことで終
わってしまう。両者とも相手への反応に追われすぎているのである。

サインや兆候

　暴力を起こしそうな人の中には、警告とみなし得るサインや兆候を示す人も
いる。訪問した際、次のような人の場合、危険な目に遭うかもしれないという
警告のサインといえる。

- 付きまとう。
- コーナーに潜んでいる。
- 怒鳴る。
- 批判する。
- 飲酒やドラッグで高揚している。
- 見つめる。
- 注意を引くように努める。
- 会話を無理に続けようとする。

　相手に活発に関わる場合、以下のような暴力を引き起こしそうなサインに注
意すべきである。

- あおる。
- テーブルを叩く。
- 大声で話す、叫ぶ。
- 顔、手足の筋肉が緊張する。
- いらいらする、手もみをする。

- 握りこぶし。

- 息使いが荒い。

- 顔色。真っ青な顔色は、危険な状況を表しているだろう。体は行動を起こそうと身構えている。赤ら顔は、威嚇するよりもひどい状態になりやすいが、変わるかもしれない。

- 指を動かして、こづいたりする。

- 静かにしておれない。行ったり来たりする。

- ののしる。

- にらむ。

- 汗ばむ。

- 考えや示唆に過剰に反応する。

- 急に気が変わる。

あなたが関わろうとする状況下で暴力のリスクをアセスメントする際、以下のことを自問してみよう。

- その人は、

　　―暴力の前歴を有するか？

　　―暴力で起訴されたか？

　　―暴力を引き起こす精神疾患の病歴を有するか？

　　―自制を失うような病状なのか？

- その人は、

　　―過去に、言葉で威嚇したか？

　　―以前、暴力で脅したか？

　　―以前、攻撃したか？

　　―以前、同僚を攻撃したり、脅したりしたか？

- その人は、

　　―ストレスが高じているか？

　　―アルコールに酔っているか？

　　―ドラックを服用しているか？

●その人にとって私は、

　　―自由を奪う恐れがあるように見えるか？

　　―家族にとって脅威に見えるか？

　　―脅威的に見えるか？

　　―ビジネスや職務にとって脅威に見えるか？

　　―欲しいものを得るに当たって脅威に見えるか？

●その人は、

　　―私が彼に対して行うことについて、現実的で合理的な期待をもっているか？

　　―私を役立たずで、好ましい人でないという印象をもっているか？

また次のように自問してみること

●状況をコントロールする自信はあるか？

●支援体制を有しているか？

●支援を頼めるか？

●その状況にアプローチする方法を計画できているか？

周囲の把握

　周囲の把握は、リスクを予見し、それから逃れる方法を認識するうえで役立つであろう。そのためには、周囲について積極的で実際的な認識を持っておく必要がある。この場合の「周囲」（environmennt）とは、あなたがかかわる職場、出張、訪問する家庭と建物といった物理的環境と携わるべき職務の性質を意味する。

　物理的環境の把握とは、あなたの周りの以下の事柄を把握することである。

●**アクセス**：誰が、どこに、どのように入るのか？

- **出口**：どのように外に出られるのか？　すなわち、出口や逃れるルート、明るく人が多い場所へ逃れるルートを熟知する。
- **孤立**：他者に接触ができるようにしておく。人が見え、また人に見られていること。
- **警告**：緊急警告装置を作動させられるか、もしくは助けを呼べるか？
- **照明**：夜間照明が重要である。あなたの通り道、駐車場、ミーティング場所等は、照明が十分か？
- **隠れる場所**：隠れるのに適した暗い場所や見えにくい場所と隅角である。
- **状況**：パブの閉店時、サッカーの群衆やリスクが増す状況は、リスクも高まるであろう。
- **場所**：町や市の危険な場所、庭園、公園や地下道等の特に危険な場所を知っているか？
- **武器**：周りに武器となるような物はないか？
- **用意**：身を守るために利用できる保護物を知っているか？　それを有効に使えるか？
- **人**：付け狙われたり、監視されるようなリスクに気づくために、どこで何をしているのか他の人の目にとまる態勢を取る。

あなたが働いている機関の特徴を振り返れば、すべきこと（職務）とそれがもたらすリスクに気づくであろう。例えば、以下のようなことが挙げられよう。

- 一般公衆は、あなたの職場に直接訪問可能か？
- 公衆と直接対応する職務にたずさわっているか？
- 例えば不服を言うために来所する公衆に対応することがあるか？
- 例えば、病院、社会サービス、警察、保護観察関係で病気、飲酒やドラッグ服用のため危険であると思われる人と接する機会を有しているか？
- 職務に、監査や強制執行のようなあまりうれしくはない、あるいは不満をもたらすような内容が含まれているか？

● 金銭や貴重品を移送したり集める職務のため、狙われる恐れがあるか？

● あまり歓迎されそうにない家や建物を訪問する仕事であるか？

● 出張したり、職場から離れた場所で仕事をするため孤立しているか？

　職場環境に気を配ることは、リスクや危険の可能性を明らかにするうえで鍵となるものであって、安全対策を図ることによって、それらの危険を減らすことができよう。

第 15 章
ノンバーバル・
コミュニケーション

　職場の暴力事件は、「普通」（normal）のコミュニケーションが破綻したときに、起きやすいと考えられている。しかし、暴力を振るう人は、コミュニケーションを取ろうと（もしくは、最初は）努めていることもまた忘れてはならない。コミュニケーションが破綻する理由は、その人が暴力を振るうからというのみではない。それは、彼らが、またその場にいた他者の受け取った様々なメッセージの結果かもしれない。

　コミュニケーションの90％が、ノンバーバル・コミュニケーションを通じておこなわれ、そのためノンバーバルのサインを読み取る訓練は、暴力発生の予測や対面する際のリスク状況のアセスメントにとって非常に価値が高いといえよう。

　コミュニケーションの要素は、次の通りである。

● **バーバル（言語）**：コミュニケーションの7％を構成している。

● **ノンバーバル（非言語）**：声の調子、これはコミュニケーションのおよそ38％を構成している。

● **ノンバーバル**：ボディ・ランゲージ、これはコミュニケーションの55％を構成している。

　バーバル、ノンバーバル行動の非常に多くの要素が、コミュニケーションにおいて役割を果たしている。人は、意識的、無意識的にサインを与えたり受け取ったりしている。そして、そのサインは、肯定・否定の間で様々な反応を引き起こすであろう。

第1節　サイン（徴候）を知ること

　ノンバーバル・コミュニケーションの要素を知ることで、次のことができるようになり、コミュニケーションのスキルを高めるうえで役立つであろう。

- 相手の危険サインを知る。
- 暴力を引き起こしかねない相手のステレオタイプや安易な判断を避ける。
- 相手があなたからのサインを受け取り、どう見ているのかを知る。
- ノンバーバル・コミュニケーションによって、どのような信号やメッセージを相手に送るのかを選ぶ。

第2節　印象とステレオタイプ

　面会した際や電話で話す場合でさえ、われわれは、相手の印象をすぐさまもつ。一般的にいって、（例えば、目や髪といった）相手の身体的な諸状況に注意するのではなく、相手の年齢、ジェンダーや人種を意にとめがちである。それはあまりに容易なため、第一印象やステレオタイプによって早合点をしてしまう。

　肌の色、年齢やできないこと（できることを人はほとんど見ない）によって、人は容易に相手の能力を判断し、質問や要請にステレオタイプに応え、人の行動を予想する。相手もまた、第一印象やステレオタイプの分類によって、われ

われに上記のような対応をするであろう。

　われわれは、すべて第一印象をもち、ステレオタイプを基に働きかけていることに気づくことが重要である。同様に、それはだいたい不正確で的はずれであろうことも覚えておくことが大切である。われわれの「規範」は、必ずしも相手の「規範」ではなく、それゆえ、相手のサインや信号を誤って理解してしまいがちである。

　この非生産的で、また安全とはいえない結果を避けるには、たとえそれが難しくとも、ステレオタイプに縛られず、われわれが彼らを判断する前に、私たちのことをよく知る時間を彼らに与えることである。

　とはいっても、このやり方は、「本能」（instinct）を無視すべきではないという考え方とバランスを取る必要がある。時として、なぜそれが当てはまるのか明白ではないが、本能的にある人物は危険であると察知する場合がある。これは、いわゆる「首の後ろ毛」といわれる反応である。強い不快感をもった際には、それを尊重し、注意を働かさなければならない。

【服　装】

　われわれの早合点の多くは、相手の服装に関わって起きる。われわれは、以下のことを基に判断をする傾向がある。

- スマートかやぼったいか
- フォーマルかカジュアルか
- 適切か不適切か
- 時代遅れか最新か

　われわれは、好みや過去の経験に基づいて、反応する傾向がある。例えば、制服は、安心感があるとか、威圧的であるという。われわれの人に対する判断は主観的であり、正しかったり、そうではない場合があり、また他者の判断と同じであったり、そうではないこともある。

　ある人にはスマートでも、他者にとっては時代遅れであったり、ある人には
実用的で似合っていても、他者にとっては野暮ったくあまりにカジュアルすぎ
る場合もあるだろう。職務のため特殊な服装を求められたり、雇用条件として
受け入れたのではない限り、どのような服装をしようとそれは自由である。し
かしながら、好むと好まざるとにかかわらず、服装は他者に影響を与え、われ
われの印象もそれによって違って見えるであろうことを忘れてはならない。そ
のことを肝に銘じて、どのような服装をすべきかを決めなくてはならないし、
また相手にどのような印象をもってもらいたいのかもはっきりさせなくてはな
らない。

　リラックスしたオープンで打ち解けた雰囲気をもった服装を選び、「仲間の
一員」という印象をもってもらおうとする場合もあるし、ビジネスライクの印
象をもってもらいたいための服装を選ぶこともある。しかし、相手に常にわれ
われが望む印象をもってもらえるかは保証の限りではない。

　例えば、強い不満をいだいて組織に乗り込んだ利用者が、笑顔の訓練と不満
を効果的に対処する訓練を受けたとてもスマートな服装に身を包んだ女性と会
うとすればどうであろうか。平時に訪問者は、着飾った相手に会うのはまった
く問題はないが、不満をいだいて来る人にとっては、それは逆効果である。

　誰もが第一印象を克服する努力ができたり、またそのために時間を取れるわ
けではない。特に、当初、動転し、困惑したり、怒ったりしている人はそうで
ある。また彼らは、他者からのサインを読み誤りやすい傾向がある。それゆえ、
適切な衣服は重要である。人は、他者から発せられるサインによって驚かされ
ずまた困惑されない場合、より他者を受け入れやすくなろう。どの程度、他者
の期待と親密さに応えるのかを決めるのは、まさにその人である。

　安全な服装とは何かについては、議論のあるところである。特に女性にとっ
ては。もちろん、女性はどのような服装をするのかを選ぶ自由を有するべきで
ある。しかし、自分の意図が、必ずしも正しく他者に伝わるわけでもないこと
も肝に銘じるべきである。それがたとえ、個人の自由を奪うとしても、意に反
する服装を着る決定が、リスクを最小化する場合もあるのである。

　他者にメッセージを伝達するのは、衣服それ自身ではない。書類カバンやクリップボードを持参することが、効果的であったり、お役所仕事的である場合もある。バッジや紀章（有名校のネクタイ）を付けることが、承認を得たり、受け入れやすくなったり、またその逆の場合もある。

【アイコンタクト】

　適切なアイコンタクトは、コミュニケーションの非常に重要な要素である。もしあなたが相手を見つめ続けるなら、相手は不快になることにすぐ気づくであろう。人は、普通、凝視されたり、射るように見つめられたり、また見つめられる対象になることを好まない。過度のアイコンタクトは、脅威や威圧的と受け取られやすいし、また攻撃反応を引き起こしかねないであろう。あまりにもアイコンタクトがない場合には、人は、人の話を聞いていない、注意を払っていない、真剣に対応していないと受け取りやすくなり、その結果、攻撃反応をもたらすかもしれない。

　大多数の人にとって、適切なアイコンタクトとは、常にではなく、適時、アイコンタクトを行うというものである。すなわち、話し手は、聞き手から目をそらしているが、聞き手が注意しているか、話の内容を理解しているか、どう反応しているか、必要なら話の内容を変更すべきかを確認するために、適時、聞き手の目を見つめるのである。

　聞き手は、注目していることや理解していることを示すためにアイコンタクトするが、話し手に不快、退屈や他の反応を伝えたいためにアイコンタクトする場合もある。人間の目は、大変大きな表現力をもっており、ユーモア、恐れ、不快、恥ずかしさ、興奮等々を示す。アイコンタクトを行うことで、様々な気持ちの信号を受け取り、他の信号と結び合わせて、どのように他者に影響を与えているのか、またうまくコミュニケーションしているのかを見極めている。それによって、われわれは、自己の行動を修正したり、他者の内面の変化を理解し、どのように行動すべきか、どのような行動が必要かを判断しているのである。

　思いを表現するために、鏡を用いた練習や目の動きの練習によって、一定の

メッセージを伝える訓練ができる。これは、難しい状況で有益となろう。というのもこの訓練によって、静かで確固とした表情を身に付けた場合、目つきによって相手に「逃げられる」のを避け、ストレス下でもアイコンタクトを維持できるからである。

【表　情】

　表情は、どのように考えているか、思っているかについて、とても多くの情報を伝えてくれる。目元と口元は、最も表現豊かなものであり、同意していないこともそこに注目することによって分かるであろう。

　表情は、恐怖から平穏まであらゆるものを示し、思いや気持ちの変化に応じてすぐさま変わり得る。表情を読むことは、たとえ言葉ではそういわなくても、相手が動揺したり、怒ったり、うんざりしていることに気づくのに役立つであろう。

　言葉で表現するはるか以前に、表情によって緊張や怒りを察知することができる場合が多い。それによって、あらかじめ危険に気づき、適切な対応を取ることができよう。

　表情によって、秘密にしておきたい気持ちがばれてしまったり、どの場合にどのような表情をすべきかを理解し、それができるように学ぼうと思うかもしれない。鏡の前に座って、緊張、リラックス、動揺、平穏、怒りなど、自分の表情を訓練することができよう。そうすることによって、それぞれの気持ちに気づくようになり、それによって、他者とコミュニケーションする場合どのような表情を取るべきか考えるうえで役立つであろう。

【姿勢と身体動作】

　姿勢と身体動作は、人がどのような気持ち、気分、態度でいるのか、また他者にどのように関わっているのかについて、非常に多くのメッセージをもたらしてくれるであろう。面接時、それは波のように伝わる場合もあるし、時にはそうはいかず、微妙ではっきりしない場合もある。

　ある身体動作が、「賛成」といった一般的な意味や、また、子どもギャング

の秘密のサインといった特定集団のサインとして用いられることもある。ある種の身体動作は、ある社会や文化では意味をもつが、それ以外にとっては、無意味なものであったり、違った意味となる。例えば、少数民族の文化を背景をもつ人に関わる場合は、コミュニケーションに影響を及ぼすであろう文化的、宗教的な事柄に気を付ける必要がある。

　姿勢や動作は、時には単なる癖になってしまって、意味をもたない場合もあろう。姿勢や動作から送られてくるメッセージを理解しようと観察と努力を重ねることは、コミュニケーションにとって大切なことではあるが、そのメッセージを誤解してしまいやすいこともまた忘れてはならない。時々、他の人にどのように感じているのか、またどう考えているのかを尋ねることによって、あなたの理解で良いのかチェックしてみるのが良い。人が姿勢や動作でメッセージを伝える方法は、以下の通りである。

- **不安でイライラする**
  - 手を組む
  - 衣服を引っ張る
  - 髪の毛やペンなどをいじくる
  - そわそわして、姿勢を変える
  - 眉をひそめる
  - 唇を噛む
- **抑うつ**
  - 椅子に沈み込む
  - 憂うつで伏し目
  - 肩を落とす
  - 無反応
  - 度の過ぎた明るさと快活さ
- **失望**
  - 立ち去る

—腕を組む

—険しくすくっと立って見下ろす

—眉を上げる

● **欲求不満**

—ため息をつく

—空を仰ぐ

—頭を振る

—指で叩くように手をもてあそぶ

● **攻撃**

—握りこぶしを固めたり、手を曲げる

—頭を振る

—腕を振りまわす

—堅い姿勢や筋肉の緊張

● **怯え**

—身を縮める、腕を組む、足を組む

—眼をそらす、顔を背ける

—後ずさりする

● **リラックス**

—開放的姿勢、腕を脇に置く

—笑み、顔を上げてアイコンタクトする

—ぎこちなくない自然でスムーズな動作

　姿勢や動作がもたらすメッセージを読む訓練は、コミュニケーションにおいて、相手がどのように感じ、またどう反応しているのかを理解するうえで役立つであろう。それを受けて、相手をリラックスさせ、落ち着かせ、安心させることによって、コミュニケーションをより効果的に行うためにはどのように行動すべきかが分かるであろう。もし、受け取るメッセージが、危険を知らせるものであったら、攻撃を和らげたり、助けを呼んだり、また逃げることを通し

て、わが身の安全を守る適切な対応を取ることができよう。

　自分を観察することによって、あなた自身の姿勢や身体動作を学ぶことができよう。それにはビデオが効果的である。あなたのある種の行動の癖を避けることによって、伝わってほしくないメッセージが伝わってしまうことを防ぐことができよう。例えば、われわれの多くが、興奮したり、話したいことを強調するとき、指を差したり、動かしたりするが、聞き手は、その動作を攻撃や威圧的と受け取ってしまう場合がよくある。

　またある環境で役立つであろう行動も学ぶことができる。例えば、面接や不満を言われた時などの困難な場面でおどおどした対応を避けるために、どのように身を持して対処すべきかを学ぶことができる。

　姿勢や身体動作からメッセージを読み取ることは、スキルとして学び応用できるが、注意すべきは、あまりに観察にのめりこんだり、常に自分の見立てが正しいと思い込まないことである。文化的差異、宗教の違い、個人の習慣やアプローチ方法、好みや態度が、このプロセスを複雑なものにしている。そのため、自己の判断を他の人にチェックしてもらうとよい。

【スペース】

　人とのコミュニケーションは、周りのスペースのあり方とそのスペースをどのように考えているか、またどのように取り扱われているかによって、大きく影響を受けるであろう。

──個人的スペース

　われわれは、それぞれ個人的なスペース圏をもっている。ある人にとって、それは非常に広く、またある人にとっては、かなり狭い。それは、非常に多様性に富み、時とその人の気分によって変わるものである。もし誰かが、この緩衝圏に近づき過ぎたり、侵入したりすると、怒りや攻撃の感情を引き起こすことがある。もちろん、恋人同士や親しい友人が、個人的スペースに入ることは歓迎されるが、それ以外の人はそうではないだろう。

　見知らぬ人が、個人的スペースに侵入することは、大変な脅威と見なされ、

緊張を作り出し、動揺や怒りを生じさせかねない。

　もし他者があなたの個人的スペースに侵入してきたら、後ずさりし、あらためてその人と距離を取ろうとするだろう。それでもなお、その人が迫ってきたら、圧迫され追い詰められた気持ちに陥るかもしれない。その反対に、あまりに距離を取ってコミュニケーションしようとすれば、超えられない溝のような状況になり、接したり、近づいたりできないという気持ちを引き起こす。

　正しい距離を取るとは、相手のシグナルに敏感になり、個人的スペースを侵さず、しかも隔て感をいだかせない距離を見つけ出すことを意味する。座っている場合よりも、立っている人とは不快感なしにより接近することができるであろう。人は、一般的に座っている時、より広い緩衝空間を求める。

——スペース関係

　あなたと相手の距離が大切なのと同様、スペース内の関係や位置も重要である。並んで座ることは、同等に協働し合う協力関係にあると通常、見なされる。対面して座る場合、権威的、フォーマル、対立的と見なされ、特に真ん中に机があると、それはバリアーの役割を果たすことになろう。45度の角度で座る場合、脅威感が弱まる。グループ内で輪になって座る場合、互いに対等であることを伝えることができ、もし、対等でないときに役立つであろう。

　フォーマルな状況で一列に座る場合、リーダーの指揮に従う関係となりやすく、知り合ったり、関係を構築する関係は取りにくくなる。座る高さもまた重要である。話す相手と同じ高さで座るように努めること。高い位置に座ることは、意図せずとも相手より権威があるというシグナルとなろう。

——領域

　スペースの別のあり方が、領域である。われわれのもの、われわれが属すると見なしているエリアや場所のことである。すなわち、自宅の部屋、自身のオフィス、職場の机周りなどのことである。これが我がものと見なされると、その領域は、尊重され、他者から侵入されたくなくなるだろう。もし誰かが、われわれの内輪に関わってきたり、われわれのものを使用したり、もしくは、その領域に侵入してきたら、反発したくなるであろう。

　他者の家や建物内で職務を行わざるを得ないことがある。検査、強制執行や歓迎されない義務の場合は、特にそうであるが、暴力に至ることが稀ではない。自分の領域が侵されても、それを阻止できない場合、反発が生じやすいであろう。他人の領域に侵入する時、反発が起きやすいと心得ておくことが大切である。すなわち、一人で行かないといった注意深い用心が必要である。

【タッチ】

　タッチは、コミュニケーションの一部として、愛情、支持、関心、共感、元気づけ等を表す際や、また挨拶の握手、喜びを表す背中のタッチといったよりシンプルな目的のために大切な役割を果たしている。

　タッチの許容水準は、個人、文化やグループによって多様である。従って、観察、経験や他者からのシグナルを読み取ることを通じて、何が適切で何が不適切かを学ぶべきである。タッチされることを嫌がる人がいる。彼らはタッチされることによって、不愉快になり、脅威を感じ、反発するかもしれない。またタッチすることを躊躇する人もいる。タッチすることがどのように受け取られるのか不確かであったり、ある状況において「不慣れ」であったり、また「感傷的」であるからである。しかし、思わず自然にタッチしてしまう人もいる。癒しや元気づけを得るためにタッチを求めているのに、それをシグナルとして表せない人もいよう。

　タッチは、タッチされる人のニーズに注意して行う必要がある。横柄、反感、個人的スペースを侵された感じや、不快でトラウマの記憶を思い出すこともある場合があるからである。その一方、タッチは、相手に対する純粋な気配りや関心を表す最も効果的な手段となったり、深い絆をつくるものでもある。

　タッチが必要とされまた歓迎されるかどうかを見極める方法のひとつは、相手の腕に手を置くといった些細な好意を示しながら、相手を注意深く観察することである。相手は、心地良い、または不快な気持ちをシグナルとして発するであろう。それを察して、手を引くべきか、逆に相手の肩に励ましの手をまわすべきかを決めることができよう。

【声】

　コミュニケーションにおいて、最も重要なことは、何を話しているかではなく、話し方と聞き方である。声のトーン、ピッチ、スピードとアクセントが、言葉以上にコミュニケーションにおいて重要な役割を果たす。効果的なコミュニケーションを行うために、避けるべきことは以下の通りである。

- アクセントによって人を判断すること。
- 国籍や人種によって人を判断すること。英語が母語でないため、怒り出すこともあるが、それだからといって、必ずしも危険というわけではない。
- 声のトーンやリズムがはっきりせず興味を引かず退屈な空気を伝えてしまうと、白けた反応を相手に引き起こす。
- 声が高く早く、興奮したトーンになり、自己の感情を顕わにしたり、勝ちにこだわる。
- 横柄なトーンを用いると、やりこめられた、ばかにされた、間違っていると感じて、暴力的反応を引き起こしやすくなる。
- もぐもぐしゃべったり、早口になると、何をいっているのかはっきり聞き取れず、聞き手はイライラしたり、フラストレーションを抱く。
- （例えば、けなしたり皮肉を）言葉ではなく、声のトーンで自分の考えや感情を示すと、聞き手は、そのシグナルに感化されて、同様のネガティブな反応を起こしやすい。

相手に対応する際、相手の以下のことに着目すること。

- 相手が声を荒げたり、早口になり何を言っているのか分かりにくい話し方をする。これらは、緊張が高まっているシグナルである。
- 会話中に相手の声のトーンやピッチが変化する。これらは、怒り、フラストレーションや暴力行為の兆しを示していよう。
- 言葉そのものよりも、ゆっくりと脅すようなトーンは、相手が怒り、暴力行為を

引き起こしかねないことを示している。

　最も有用なスキルのひとつは、困難な状況や脅威を感じる場面で、自分の声をコントロールできることである。相手はそうではなくても、なすべきことは、静かで、明晰で、確固として、また丁寧であること。声の調子を習慣として身に付けるために、また静かで、明晰で、確固とし、丁寧な声の調子を訓練するためにテープレコーダーを利用しよう。別の方法として、適切な対応の訓練のために、ロールプレイをやってみるのもよいだろう。

【聞くこと】

　聞くことは、効果的なコミュニケーションにとって、基本的なことのひとつである。それは受け身的なものであるが、それが真に効果をもつためには、積極的でなければならないし、そのように相手に見える必要がある。積極的に聞くこと、それは例えば、あなたが示すつぶやき（「うむ、そうですね」）やジェスチャーやフィードバック（うなずくことや分かっていますという微笑み）によって、自分の話していることをあなたがよく聞き、受け入れていることを話し手に感じさせることを意味する。これらの聞き手のしぐさによって、話し手は、あなたが注意して聞いてくれていることを納得する。また、積極的に聞くことは、話し手のノンバーバルなシグナルに気づき、その背後にあるメッセージを読み取り、バーバルな情報とノンバーバルな情報を結び合わせて、言いたいことの全体像を描き出すプロセスに関わるものである。

　積極的な傾聴は、何としても大切なことである。なぜならば、

- 傾聴は、話したいことを話せるということを相手に示すことであるから。
- 時間と注目を与えられるから。
- 話していることが聞くに値することであると証明してくれるから。
- 無視、フラストレーションや怒りを避けられるから。

それはまた、あなたにとっても、以下のことからも大切である。

● 傾聴は、あなたが他でもない相手に注意を向けていることを示すから。

● バーバルとノンバーバルのコミュニケーションの両方に注目し、問題や課題、その人の気持ちをより正確に把握できるから。

● 誤解や断片的な理解を避け、時間と問題を節約できるから。

● 相手に対して、敏感で繊細な反応ができるから。

● あなたを窮地に追いやるかもしれない行動を予見できる機会を与えてくれるから。

　相手の話を積極的に聞く時間を作ることは、関係と協力を築くうえで役立つであろう。傾聴してもらっている人や聞いてもらっていると感じている人は、説明する機会を与えられたことがなく、また説明への返答ももったことのない人よりは、決して理想的でない解決策でも受け入れやすいであろう。

第16章
暴力への対処

　あなたが、いかに注意深くあろうとも、また危機を察知し、それを避けよう
としても、そして、鎮静化とコントロールのテクニックを使おうと、暴力行為
に直面せざるを得ない場合がある。

　人が動揺し、怒り、また感情を顕わにすることと、他者に暴力を振るうこと
との境は、非常に微妙である。受け手は、ある程度、リスクを感じ、脅威を受
けて不安になることによって、その境界が間近に迫っていることを知るであろ
う。本章では、身体的攻撃を伴わない暴力行為と身体的攻撃を伴う暴力への対
応を考える。

第1節 ｜ 身体的攻撃を伴わない暴力

　人が攻撃的になり、迫ってくる場合、それに対処できるかできないかを判断
すべきである。一人では対処できないと感じる場合、他者に応援を求めるか、
逃げ出すかである。まず、冷静沈着になり、どの行為が一番妥当か決めるため
の時間を稼ぐことである。今までのやり取りで起きていることを振り返り、誰
か他者に依頼して、この場を引き取ってもらうべきかを考える。

　あなたがもっていないスキルや経験を同僚がもっているかもしれない。立ち

退かせるために保安係や警察といった専門家の助けが必要な場合もあろう。もしそうなら、事態が深刻化する前に、援助を速やかに求めるべきである。

どのような対処を取るべきか決める場合、様々な方法がある。そのひとつのやり方が、「コントロールの三段階」と呼ばれるものである。この方法は、鎮静化、リーチングとコントロールの三段階からなる。順番に、詳細を見ていく。

鎮静化

鎮静化の目的は、状況のヒートアップ化を鎮め、相手と建設的にコミュニケーションができるようにしていくことである。その原則とは、相手の言うことをこの段階で評価したり、それに対応するのではなく、ただ受け入れることである。まず、筋肉を緩め、深呼吸して、自分自身が冷静になる。

自分を振り返り、特に自己の言語的、ノンバーバルなコミュニケーションを考えてみる。

- **声**：静かで抑揚をつけない。同じトーンとピッチを保つ。優しく、ゆっくり、明瞭で注意深くしゃべること。
- **表情**：注意深く聞いていることを示すこと。ちゃんと聞いていることを知らせるために、相槌を打つ。顔の筋肉を緩めて、オープンに、共感を示すように努める。
- **目線**：目線を合わせる（アイコンタクト）。しかし、睨んでいるととらえられ、脅威を感じさせて攻撃の引き金とならないように常に目線を合わせ続けないこと。
- **姿勢**：ピッタリ対峙する姿勢や、上から目線の立ち位置を避けること。そうしても安全なら、障壁とボードも撤去すること。
- **態度**：腕組み、腰に手を当てたり、指や腕を振ったりといった攻撃的、防衛的な態度を取らないこと。リラックスしてオープンな態度を見せること。
- **スペース**：攻撃者と十分なスペースをとること。動揺したり、怒っている場合、われわれは、普通の時よりも、緩衝スペースをより広く取ろうとする。接

近すれば脅威も増す。

　次に、相手のことを考えてみる。相手が鎮静化することを行い、また相手が自ら鎮静化するようにもっていく。

- **話す**：攻撃者が続ける話や問題の説明や、彼が抱いている見解や攻撃の理由を遮らないこと。対話を続けるために、バーバル、ノンバーバルな信号（「うむうむ」、「イエス」、うなずき）を用いる。オープンな質問をして、相手が話し、説明し、声に出して思うことを言えるようにする。これによって、相手はエネルギーを使い果たし、鬱積した欲求不満を発散させるであろう。

- **聞く**：あなたが聞いていることを相手に示すこと。集めた情報が役立つであろう。あなたが話を聞いてくれていることを相手に分からせるようにする。相手の言葉の裏にある感情、懸念や意図を聞く耳をもつこと。

- **相手に存分に話させる**：この鎮静化段階では、攻撃者が思いのたけを最後まで聞いてくれたと感じるようになるまで続ける。また、いかなる結論も導かず、この段階での評価や問題解決に努める観点から、ひたすら相手の話を聞く。攻撃者と彼が述べることに注意を傾注すること。ここは、彼のための場であり、思う存分、話してもらう。

- **観察する**：この鎮静化の段階中、相手の行動の変化を観察すること。例えば、声のトーンが、低く「普通」（normal）になってきた、顔の筋肉が弛緩してきた、息遣いが穏やかで安定してきた、言葉使いが変化してきた、姿勢の変化や疲労感が募ってきた（攻撃することに疲れてきた）。このような変化は、攻撃者が鎮静化し、近づきやすくなってきた兆候である。

- **論争を避ける**：特に、攻撃の対象になったり、非難されている場合、反論したり論争をいどみたい誘惑にかられやすい。論争を避けること。論争は、緊張を和らげることに寄与するよりも、対立や争いになることの方がはるかに多い。

- **自分自身であれ**：権威や地位や役目を盾にしないこと。自分自身を出すこと。攻撃者に自分の名を名乗り、相手の名を聞く。自己の地位の説明ではなく、名

前を出すことによって、人間としてのあなた自身を出すことができる。その後、相手にあなたが相手のために働く立場にいることを分かってもらうために、あなたの権威や地位を説明することが重要になることもあろう。

リーチング

（観察による相手の変化を見て）攻撃者が十分、鎮静化してきたと思う時、相手に接近し、コミュニケーションを可能にする橋を架け始めることができる。対話を発展させるために、鎮静化段階よりもこの段階では、話しかけることが多くなるだろう。

以前の行動を続けながら、攻撃者との交流を深めるようにすること。以下のように、鎮静化段階でよく聞くことをしていたなら、これをもっとうまく効果的に行うことができよう。

- あなたが理解した相手が言ったこと、問題は何か、相手の求めることを相手に説明してみる。
- 相手が主張する事実やキーポイントを相手に確認させる。
- 相手が求める行為、支援等を明確にする。
- もし可能なら、椅子に腰かけリラックスさせ、また飲み物も出してみる。
- あなたと相手がリラックスできるように、はげましと信愛を込めて微笑んでみる。しかし、相手に馬鹿にされていると感じさせてはならない。
- 相手の感情に共感する。しかし、あやされていると感じさせるような行動は避けること。
- 聞いておきたいことは質問すること。しかし、なぜそれを聞く必要があるのかを相手に納得させること。
- 相手があなたに関心を向けるようにさせる。相手が、あなたの名前、仕事と支援の仕方を覚えているかチェックすること。熱くなるあまり、忘れているかもしれないから。
- もし可能で、安全が確保されている場合、横に並んでみる。これによって、解

決に向けて共に頑張ろうという意図を相手に伝えることができるであろう。

- あなたの組織内で以前、相手と接触した人やこの問題の対処に役立つ情報を探し出すこと。
- 質問すること、はっきりさせること、情報を求めるように相手に勧める。先に述べたように、その際、簡潔でストレートな質問を用いて、専門用語を用いないようにすること。
- 相手を丁重に扱っている印象を与えたり、支援への第一歩となるのなら、メモを取ることを考慮する。メモを取ることが、相手にお役所仕事のように見えるのなら、すべきではない。

コントローリング

　攻撃者と合理的に「普通」（normal）のコミュニケーションできる状態にもっていけたと感じた場合、コントローリングの段階に移る。それは、一方的に事を支配したり、仕切るという意味ではない！ それは、統制された中で問題の解決に向けて、共に前進していくことを意味する。

　この段階は、問題に実際に取り組む段階ではあるが、鎮静化とコントローリングも同時に維持していなければならない。このプロセスの目的は、ウィン・ウィンである。つまり、あなたと相手が共に、満足する解決を達成することである。

　解決に向けて相手に関わる場合、次のような方法を用いる。

- **あなた自身の目標を設定する**：いつ（直ちに、後程、今日、合意した時期）、何を達成すべきかを定める。相手もあなたの目標に同意し、それを理解するようにもっていく。
- **一度にひとつずつ**：状況や問題が複雑である場合、個々別々に取り組むべきである。取り組むべき問題リストを相手にも同意してもらう。
- **簡単な問題から**：より簡単な問題、課題や状況の一面を最初に素早く取り組む。問題の一部やより簡単な課題を解決することは、進歩の証明となり、ポジ

ティブな雰囲気を作り出す。

- **複雑な問題は後で**：何らかの進歩がみられたり、より効果的な協働ができるようになれば、状況のより複雑な側面に取り組むようにする。ひとつずつ取り組んでいけるように、複雑な側面を分割する。取り組むべき諸段階に合意して、それをやり遂げていく。

- **現実的に**：あなたができること、できないことを明確にまた正直に示すこと。何が達成可能で、いつ、何が達成できないのか、そしてその理由を説明すること。

- **相手の見解**：相手は自分の見解や意見をもち、自分の言い分や事態の彼らなりの解釈を披瀝し、聞いてほしいと願っていることを忘れないように。それらに理解を示すとともに、相手があなたの言い分を聞き、そしてあなたを理解するように援助すべきである。

- **失敗を許す**：もしあなたやあなたの組織が、ある面で失敗したり、問題を引き起こしたりしていたら、それをカバーしようとはしないこと。どこで道を誤ったのかを認識し、それを正しい方向にもっていくようにする。もし相手が、失敗し、誤解し、問題を起こしたのなら、馬鹿なことをしたと責めたりせずに、誤りを相手に説明する。

- **専門用語を避ける**：相手を混乱させかねない組織や役所の専門用語を分かり易い形で用いるように努める。間違っても、専門用語を盾として用いて、自己や組織を守ろうとはしないこと。それは、相手をあなたから離反させるだけであろう。

- **他の手段を取る**：もし相手のニーズが満たされない（または完全には満たされない）場合、他の手段を提示することが役立つであろう。その他の手段は、現実的で、ニーズを満たす何らかの方法をもたらすものであるべきである。特に失敗が現実のものとなったり、元々の期待が非現実で自分のニーズが自分の思い通りのやり方ではうまく満たせない場合、他の方法は、相手に出口（勝利）を提供するであろう。

- **他に廻す**：もしあなたが問題を解決できなかったり、ニーズを満たし得ないの

なら、それができる他者がいるかもしれない。問題をパスし自分のために逃げ出す方法としてこれを使ってはならない。相手が支援、アドバイス、満足を得られるとあなたが信じる場合にのみ、相手を他に廻すべきである。もしそうするのが適切なら、受け手が、相手を引き受け、会ってくれるように根まわしし、必要な情報を提供すること。受け手の詳細を知らせる場合、漠然としたものではなく（名前、住所、電話番号等といった）適切な詳細情報を提供すべきである。

● **急がないこと**：たとえ忙しかろうとも、この状況をかえりみる時間をもつべきである。もしそうしなければ、今までの基礎作りの努力を無駄にしたり、また状況がより悪くなるかもしれない。さらなる攻撃行動をもたらすかもしれない。相手を差し置いて、時間に押されて強引に先に進もうとしないこと。それは、さらなる攻撃を引き起こしかねない。

● **励ます**：協力して事が進展した場合、相手の努力を認めて、そのことに喜びを表し、さらなる協働を励まし合う。相手が、本当にどこまでその解決や進展に満足しているか、またそれに賛成しているのかを確かめるために、相手に自分の気持ちを述べるように励ます。

● **接触する**：情報を集めたり、調査したりする時間が必要なため、時には、問題解決に至りそうにない場合や、すべての問題に対処しかねる場合もあろう。相手の「無視されている」という気持ちを無視してはならない。両者の契約として両者が合意できる今後の行動を考えてみよう。面会日を設定したり、電話をかけたり、手紙を書くことを知らせる。個々のすべきことに合意する。援助するためにその関わりを続けていることを示すこと。すでに関わっているのなら、それを続けること。

● **レビューする**：この過程の終わる時、レビューを行うこと。すなわち、達成されたこと、何をするかの合意、将来の接触とさらなる目標をレビューする。

このコントロールの三段階は、攻撃してくる人への対策のひとつである。それは、容易ではないが、時間をかけて実践すれば、攻撃者に対応する過程を考

え、適切なスキルを発展させ、状況を調整して、安全を保つうえで役立つ。

　この三段階をいつも順番に整然とこなしていけるわけではないであろう。多くの場合、これらの段階を行きつ戻りつすることになろう。相手の行動を観察することと予見することを学べば、各段階のテクニックや方法を用いることによって、対応ができる。例えば、不用意に相手の気に障ることをして、相手が再び攻撃し出したとき、協働してうまくその問題に対応できるであろう。コミュニケーションを再構築し、最終的には協働を行う前に、基本に立ち返り、鎮静化を再び行うことでうまくいくこともあろう。

　攻撃に直面したとき、対処し、このプロセスを働かせるようにするわけであるが、もし危険を感じたらすぐにそれを取りやめ、必要があれば助けを求めることを忘れないように。攻撃者に対処するためにこのコントロールの三段階を用いることは、とても効果的であろう。しかし、これには時間もかかり、忍耐も必要である。それはまた、自己の感情をある程度、脇に置き、状況を調整し、問題を解決することを求める。大変な仕事を行いつつ、自分自身の気持ちの揺れや動揺や怒りを抑えるのである。何が必要かを考え、経験したことを他者に語り、事件の報告をきちんと行い、もし必要なら専門家の助けを求めること。

　最後に、この方法が常に適切でうまくいくと決めつけないこと。攻撃者の中には、コントロールを超えた人もいるからである。特に、病気の人、飲酒している人や薬物依存の人である。ある状況下では、ひどい状態を直ちに引き起こしかねない人を速やかに引き離すことがとても大事である。例えば、病院内で鎮静化ができないケースである。

第2節 ┃ 身体的暴力

　暴力は、身体的攻撃の形態を取る場合がある。これは比較的稀なことであるが、それは、その可能性に対処することを無視することを意味しない。これは特に、リスクが高い職場で働くソーシャルワーカーにとって真実である。相手

が身体的攻撃を向けてきた場合、取れる手段は、以下のように限られる。

- **逃げる**：身体的暴力が起きそうな状況から逃げる。
- **妥協する**：状況を鎮静化したり、調整する。また希望するものを与えたり、暴力の脅威を取り去ることを通じて、何らかの妥協を図る。
- **闘う**：反撃したり、逃げるために闘う。

逃げる

　逃げることは、最善の防御法であるが、攻撃からの逃走は、口で言うほど容易ではない。突然の攻撃によって、ショックを受け、しばらく身動きできないこともあろう。我を取り戻した時には、既に逃げるチャンスはなくなっていよう。だからこそ、どう対応するのか考えることが大切である。もちろん、そのようなことがないことが望ましいのではあるが、それは行うに値するものである。たとえその必要がないことを望もうとも、命を守ることと救急対応は、学ぶに値する。

　以下のように、逃げることを容易にするためにしなければならないことは、比較的簡単である。

- 頭を明瞭にし、逃げたいときに逃げられるように、深呼吸とリラックス運動を通じて、冷静を保つこと。緊張を和らげるために、吐く息に集中する。大抵の場合、緊張は、血流と関節の動きを抑制する。そのため動作が不安定になり、走り出した時に滑ったり、転んだりしやすくなる。速足の方が、「ずいぶん」安全である。
- 速足のためには、靴を履くこと。スピードが出せるように、型崩れしない足にぴったりの靴であること。
- 動きやすく、走れる服装であること。つかみやすく拘束されやすい服装は避けること。
- 現実的であれ。大抵の場合、体勢を崩しているので、股間を蹴ることはほとん

どできない。同様にむこうずねを蹴ることは、バランスを崩すことになる。傷を負わせるために、爪や何か物を用いるべきではない。もっぱら相手をひるませる時に用いるべきである。顔を引っ掻いたり、目を突いたりすることなども、大抵の人にとって普通にできることではない。もしそうすれば、手や腕を傷つけられやすく、武器でさえそれを取られてそれで反撃されるであろう。

● バッグ、書類ケースや傘を持って走り出すことは、賢明ではないであろう。体勢を崩したり、それらを取られて武器として使われたりするからである。

● 自分がいる周りがどうなっているか注意を怠らない。出口、逃げ道、人がいる場所、アラーム等を自然と把握できるように訓練しておくこと。

● 攻撃者の頭の近くでアラームを使用する。しかし、アラームを使うためには、素早くそれをつかむ必要がある。アラームは、非常に大きく響く。そのため、助けに来てくれない場合でも、アラームを相手の耳に近づければ、相手は驚いて呆然とするであろう。相手が呆然としている間に、素早く逃げ出すことができる。

● できるだけ早く叫び声をあげること。恐怖やショックに陥って逃げるために最初にできることが、叫び声である。考え行動するために、深く息を吐きだして、酸素を体中に行き渡らせ血液を適切に巡らせる必要がある。大きなため息のように、息を深く吐き、腹の底から叫ぶことが、とても効果的である。その際、軽く受け取られかねない「助けて」というより、「警察を呼びます」といった命令口調ではっきりと、また確固とした言葉を言うべきである。

● 持ち物をすべて持って逃げ出そうとは思わないこと。例えば、重い物が入ったスーツケースを持っている場合、それを置いて逃げること。

● 意表を突く行動は、攻撃者を驚かし、逃げるための時間を稼ぐのに役立つであろう。もっとも、必要な時に、安全に効果的にそれが使えるようにするためには、その使い方を学ぶ必要がある。それが自然に行えるようになるまで、学び訓練を受けなくてはならない。

● 逃げ出せるように、攻撃者の気をそらせること。それを効果的にするためには、冷静沈着さを保つ必要がある。

●もし必要なら、手持ちの物を渡してもよいし、相手に取られてもよい。つまり、あなたにとって必要な物だけ持っていけばよい。持っていくべき金銭、クレジットカードや貴重品等を違う所に所持しておく。可能なら、幾らかの金銭と自分のカギを身に付けておくことがベストである。

妥　協

　攻撃者が、あなたに暴力を向けそうになった場合、病気であったり、アルコールや薬物を使用している場合には、事態の鎮静化は現実的でないであろう。ただ、多くの攻撃者は、自分の欲しいものを手に入れるために、身体的暴力に訴えようとしているだけである。それゆえ、現下の状況を鎮静化させる方法をまず行い、その後、すぐさま逃げ出すことである。

- **攻撃者の鎮静化**：支援の到着や逃げ出す手段を見つけ出すまで時間を稼ぐために、静かな状態を保ち、質問したり、話しかけたりすること。
- **脅されないようにする**：攻撃者の中には、怒鳴ったり、怒ったり、信頼することで、思いとどまらせることができる人もいるし、少なくとも逃げ出したり、助けが来るまでの時間稼ぎとなろう。
- **与えること**：攻撃者が欲するものを手渡す。攻撃者が気を取られている隙に逃げ出すために、あなたにとってどうでもよい物を与えることは、賢明な場合が多い。あなたの雇用者の所有物を手渡すことに躊躇する必要はない。それには、保険が掛けられているであろうし、その物を失う損失より、あなたの怪我の方が、高くつくであろうから。

　このようなことを行う場合、事態の進展に合わせて、常に注意を怠らないようにすべきである。あらゆる時間と空間を利用して、より遠くに、より出口に近く、より人に近づき、広い場所に出て、アラームを使えるようにして、自分にとって有利な状況になるようにする。できるだけ速やかに逃げ出し、助けを呼ぶこと。

反撃 ——自由に闘う

　自分の立ち位置を固め、闘いの機会をうかがうことは、最後の手段である。闘いを避けることができず、またはそれ以外のすべての試みが失敗した時、例えば、捕まえられた場合などの時には、闘うしかない。反撃しなければならない場合、その目的は、逃げるために、活路を開くことに他ならない。正に攻撃者を撃退する状況にいると感じた場合、その法的立場は複雑である。すなわち、以下のことを忘れないこと。

- 自己防衛はできるが、それは、その状況が合理的な場合に限られる。法は、自己防衛を認めているが、攻撃者への報復は認めていないし、不合理な力の行使も認めていない。例えば、その場を離れようとしている攻撃者を殴るといった行為は、暴行罪として訴追されるかもしれない。
- 自分の所有物を守るために力を行使することは可能であるが、その場合もまた、与えられた状況において、その力の行使に合理性がなければならない。
- 助けや警察が来るまで、攻撃者を引き留めるために合理的な力を行使することもできる。
- たとえ自衛の意図であっても、公共の場で攻撃的な武器を携帯することはできない（1953年犯罪予防法第1条）。攻撃的武器そのものだけではない。怪我を負わせる可能性のあるものも携帯できないし、それには、もともと怪我を負わせるものではなくとも、攻撃に利用できるものも含まれる。つまり、それを使って怪我を負わせようと意図する場合、「いかなる」ものも攻撃的武器となることを忘れないように。刃のついたものや尖ったものには、特別の法が適用される（1988年犯罪処罰法第139条）。3インチ以内の刃のついた折り畳み式ポケット・ナイフを除く、刃のついたものや尖ったものを所持して公共の場に出ることは、犯罪となる。さらに、折り畳み式ポケット・ナイフであっても、怪我を負わせる意図や実際の行動がある場合、攻撃的武器となろう。
- 法は、使用される攻撃力が合理的な場合、自己防衛のために無害な物を使用することを妨げない。例えば、傘、ハンドバッグや杖等である。とはいっても、

相手にその「武器」を奪われて、それであなたに向かってくることも忘れないこと。バッグを相手に振りまわすことによって、略奪すべき物やあなたを攻撃する武器を相手に示すことになるかもしれない。Diana Lamplughの言葉でいうと「バッグを持っていたり、ストラップを身に着けていると、それを引っ張られやすいであろう。幾らかの現金を身に着けておき、バックや書類カバンには失ったら困る貴重品を入れない方がいいだろう」。

●護身術を学んでいても、相手が大きく強ければ、また複数の場合には、その使用は制約されるだろう。護身術を習うことは、冷静さやバランスを保ち、逃げる隙を得るには役立つであろうが、相手を背負い投げできる！　ことを保障するものではない。

●争いになった場合、できるだけ危険の少ない所にいるように努めること。角側、階段、道路サイドやプラットホームの端、暗がりや攻撃者が使い得る物のそばを避けること。夢中になっている時には、これらのことに気が付くのは難しいから、ここは単純に明るく開放的な場所にいることと覚えておく。

●もし、現実に闘わねばならなくなったら、イチかバチかやってみること！　有らん限りの怒りとエネルギーをつぎ込み、自分の命を懸けて闘うこと。相手が傷つくことは忘れて、やってみて、逃げること！　最初の一撃を試みること。チャンスは、一度だけかもしれない。

●もし、相手を抑制することができない場合、できる限り早く逃げ出すこと。やったことやもっとやれることを考えないこと。ただひたすら、人がいそうなところに駆け出し、速やかに警察を呼ぶこと。

●反撃する場合、暴行罪に問われる可能性がある。できるだけ速やかに、何が起きたのか記録しておくこと。日時、場所、目撃者等である。

●攻撃された場合、あなたのために決断してくれる人は誰もいない。何が最善の選択であるかを判断することは不可能である。あなたは、死か重傷かの瀬戸際にいる。次の二つの選択しかない。逃げるか、事態を鎮静化するために行動するかである。冷静さを保ち、明晰に考え、素早く断固として行動し、そして逃げること。

【護身術】

　近年、多くの組織が大いに力を入れているものに護身術がある。しかし、最近、それは議論の的になっている。護身術は、次のような利点をもつ。

- 護身術を学ぶことは、多くの人が自信をもつことに役立っている。それは「自然と」（automatic）反応するのに役立つ。しかし、護身術は、警察のアドバイスのように、定期的な練習を積む必要がある。
- 鎮静化の時間や逃げ出す時間がある場合、特別な抑制術を用いて、自分と相手が傷つくことを防ぐことができる。

しかしながら、以下のような短所も幾つかある。

- 護身術は、誤った安全観や自信過剰を導くかもしれない。特に訓練が継続的にできない人にとってはそうである。
- 護身に重きを置く結果、事態の鎮静化の機会を失することになりやすい。
- どちらも傷つかないためには、護身術は最善ではない次善の策である。
- ほとんどの護身術は、誤って教えられている。それに頼ることは、多くの場合証明されていない、信頼できかねる、そして時に大変危険な試みである。

第17章
アサーティブの発展

　暴力に直面した時、反応を止めて、何が最も適切な行動かを考え、それを採用する時間的余裕を得るのは、大変難しい。これは、そのような経験をすれば、多くの場合、ショックや驚き、また情緒的、生理的な反応を起こすことによる。

　非常に困難な状況でさえ、それが利用できるなら、もっと「積極的」（positive）な行動を行うために多様な方法を学ぶことができる。その一例が、アサーティブ行動である。

　多くの人が、それが役立つことを見出している。すなわち、自分自身のことと、自己の「日常的」「習慣的」行動パターンを教えてくれるからである。他者から経験する行動パターンについて学ぶことができるし、実践レベルでは、他者と交渉する際のマネジメントの戦略について学ぶことができる。

第1節 ┃ アサーティブ行動とは

　アサーティブ行動とは、他者との関わりと相互作用のあり方であり、こちらと相手の互いの権利、感情、ニーズと意見を認め、尊重するということである。それは、自他の尊重を身をもって示すコミュニケーションを目指すアプローチであり、こちらに自身に対する気づきと責任が求められるとともに、相手にも

同様のことが求められる。従って、アサーティブとは、いつでも自分の欲しいものを得ようとすることではない。

　アサーティブの概念を理解するには、次のような行動とアサーティブ行動を比較することが、ベストであろう。すなわち、攻撃行動、操作行動と「受け身」「従順」「非アサーティブ」と様々に表現される行動であり、ここでは「受け身」行動と一括して示す（表17.1）。

表17.1　攻撃行動、操作行動と受け身行動の特徴

「攻撃行動」	「操作行動」	「受け身行動」
自己の権利のみを認める	直接行動を避ける	「人の言いなり」
意見の強硬な主張	持って回った見解の表明	見解を表明しない
優越性を証明する必要	惑わすスキル	意思決定の問題
要求よりも命令する	統制の必要	他者を責める
他者を責める	自他を信頼しない	忍従する
力で黙らせる	感情を殺す	屈服する
相手の話を聞かない	不誠実	面従腹背
競争	あからさまでない脅迫	陰に隠れて不満を言う
言葉の暴力	罪悪感を武器にする	自己の限界を知らない
大げさな反応	陰に隠れてサボる	
自己中心	品位を損なう言葉を使う	
脅す	人に内緒で話す	

　アサーティブ行動の特徴は以下の通りである。

- 自尊心と自己肯定感をもつ。
- 他者を尊重する。
- 自己と他者の権利を認める。
- 自己の良い面、悪い面を認めるとともに他者のそれも受け入れる。
- 自己の選択と行動に対して責任を自覚する。
- 自己のニーズ、欲しいものや気持ちを理解し、それを表明すること。他者にも同じようにすることを認める。
- 他者の話を聞く。
- 自己の満たしたいニーズと避けたいリスクを述べることができる。

- 欲するものが常に手に入るわけではないことを受け入れる。拒否されたと感じても、それで終わりではない。
- オープンで正直に他者と接する。
- 自己の限界を知り、「ノー」と言うことができ、他者の限界を尊重することができる。
- それに価値があれば、それを自ら進んで受け入れ、そうでなければ拒否し、フィードバックと建設的な意見を与える。

まとめ：アサーティブ行動には、自他の権利を尊重することが含まれる。それは、自己責任を求めるし、また相手にも自己責任を要求する。アサーティブ行動は、あなたが求めるものを常に保障するものではない。それは、ウィン・ウィンの立場であって、勝ち負けの話ではない。そこでは、両者の立場が考慮され、平等に取り扱われる。またその結果は、たとえ、片方や両者が欲するものをすべて得ることができない場合でも、両方にとって受け入れられるものである。

　アサーティブ行動は、言葉を用いて行われるが、ノンバーバル・コミュニケーションによってもまた行われる。例えば、

- アイコンタクトを行う。ただし、凝視したり、睨んだりしない。注意深く聞いていることを示すためである。
- リラックスした姿勢で、バランスよく、ただしそわそわしないこと。
- 威圧感なく、対面する。相手に注意を向ける。
- 扇動したり、神経質になるのではなく、相手の話や感情に合わせた姿勢をとる。
- オープンな姿勢。腕を堅く組んだり、足を互いにトントンしない。
- 確固とした明瞭な声。ただし、気持ちを適切に表現する。

　アサーティブ行動は、4つの行動、すなわち、攻撃、操作、受け身、アサーティブのうちで最もポジティブなものである。アサーティブ行動を学ぶことは、

様々な方法を取る際に役立つであろう。例えば、

- ストレスフルな状況に直面した時、アサーティブ・アプローチは、自信と自尊心を高めることによって、そのストレスに対処するうえで役立つ。なぜなら、あなたは、自分が正しくそして、その場で何が必要か知っているからである。

- アサーティブは、バランスの取れた自己イメージを発展させるうえで役立つであろう。傲慢にならずに、人としてのあなたの価値、能力と器量を自覚できているからである。また自らの失敗を認め受け入れることができるため、自己を罰することなく仕事を進めることができる。

- アサーティブは、不安のような感情をコントロールするうえで役立つであろう。というのは、そのような感情を拒否するのではなく、それが行き過ぎるのを防ぐため身に付けた行動を取ることができるからである。

- あなたがフラストレーションや怒りを感じる場合、アサーティブ・アプローチは、そのような感情を攻撃的に表現したり、抑え込んで後に問題化させるのではなく、適切にその感情を表現することを可能にするであろう。

- あなたがアサーティブであることによって、相手もアサーティブであることが容易となる。それが、素直な行動のあり方であるからである。

- アサーティブ行動を示してみせることによって、相手に、相手も取り得る効果的な行動モデルを提示できよう。

- 困難な状況でアサーティブ行動を行うことは、短期的には、勇気のいるまたストレスフルなことであろう。しかし、それをすればするほど、事は容易に運ぶようになろう。

- アサーティブ行動は、その他の行動を取った場合に感じる「後悔」の念をもたなくともよくなるであろう。例えば、攻撃的、あるいは操作的な行動を取ると、自責の念にかられ、受け身で屈服した行動を取った場合には、自分を罰しがちになろう。

第2節 ▎ アサーティブであることを学ぶ

　アサーティブを学ぶ最初の第一歩は、自分の権利と相手の権利を明確にすることである。あなたは、以下のような権利をもっている。

- 自己のニーズを表明し、自分が欲するものを求めること。
- 自分自身の優先順位を設定すること。
- 尊重されること。
- 自分の気持ち、意見と信念を表明すること。
- 自分のために「イエス」か「ノー」と言えること。
- 人として平等に取り扱われること。
- 失敗すること。
- 決心を変えること。
- 「理解できない」と言えること。
- 賞賛を求めないこと。
- 自分で決められること。
- 他者の問題を解決する責任が自分にあるかないかを決められること。

　このような権利をことさらリストアップする必要はないように思えるかもしれないが、攻撃行動を向けてくる人を相手にする困難な状況下で一人になった場合、これらの権利をもっていると自覚できる人はほとんどいない。例えば、問題の原因がその組織にあると相手が思い込んであなたを責め、その組織の代表者があなたである場合、その責任から逃げることは難しい。

　同様に、あなたを弱き者として保護的にあなたに接するマネージャーに対抗するには、たとえ、あなたが尊重され公平に取り扱われる権利をもっていることを自覚していても、多大の努力を必要とするであろう。

　権利は、一方的なものではない。あなたが権利を有するのと同様、他の人も
すべてその権利を有する。まず、自ら自己の権利のために立ち上がり、次いで、
他者の権利を尊重すること。

　すべてのスキルと同様、アサーティブは、適切な文脈で、実践する必要があ
る。すなわち、そのスキルを学び発展させることができる経験から出発する。
アサーティブであることを学び、自らアサーティブを行うことは、難しい状況
下では容易ではない。しかし、一旦、その原理を知れば、それが第二の天性と
して身に付くまで実践を続けねばならない。

　以下の例では、日常、職場で普通に経験する人間関係において、どのように
アサーティブを用いるかが示されている。

要求する

- アサーティブに要求する前に、あなたの要望やニーズを正確に知っておくこと
  が必要である。

- あなたの要望やニーズを明らかにする際、あなたの気持ちはこうあってほしい
  という相手の思いを推し量るのは止めるべきであろう。相手のあなたへの思
  い、あなたの相手への思いは、あなたが自分の要望やニーズを明らかにする中
  で得られるものである。

- これは自己中心的に見えるかもしれない。それは多分、われわれが、こうすべ
  きであるという社会常識に従って、われわれの要望やニーズを表明すべきであ
  るというように社会化されているからであろう。

- 要望するよりも要望しない方が、よりたやすいであろう。職場でわれわれは、
  「午後のミーティング前までに、これを仕上げて、私に届けてね」とは対照的
  に、「今、忙しいのよ」という言葉を聞きがちである。

- 自己中心的どころか、むしろ明確に自己の要望とニーズを表明することは、相
  手にとっても有益である。それによって、相手にあれこれ気を揉ませることな
  く、直截にコミュニケーションができるからである。

- 否定的なことから出発する方が自然で容易な場合、そうすべきである。要求し

ないことを決めて、もしその理想をあきらめないのなら、それに代わるものや他の妥協点を見つけるべきである。

● 要求する相手を決めること。その要求に応えられる人でなくてはならない。影響力のない人やあなたのニーズを満たす力のない人に近づいたり、不満を言うことは時間の浪費である。もっともそうするのは、職場では普通のことではあるが。現場のマネージャーの不満を同僚に言うことは、よくあることである。マネージャーに言うよりも、同僚に「話を聞いてほしい」「私の仕事具合、どんなものか、言ってほしい」と言いがちである。

● 誰かに要求する際、まず相手の注意を引くようにすべきである。相手が、適当に聞いていたり、他に気を取られている時に、勇気を奮い起こすのは良くない。相手が注意を払って聞いてくれる時間を確保する必要がある場合には、ミーティング時間を正式に設定すべきである。

● 要求する際、手短にまた明確に要求すべきである。何が必要か、どうしてほしいのか、はっきり言うべきである。一般的なことではなく自分のこととして話し、声のトーンやボディ・ランゲージを駆使して本気度を示すこと。

● 「ケンカ腰」や「すべての銃口をぶっ放す」ことはしないこと。これでは、攻撃とみなされるであろう。例えば、最初に以下のようなものの言い方をしてみること。
　― 「～をお願いしたいのですが？」
　― 「～していだだけませんか？」
　― 「～できませんでしょうか？」
　― 「～をあなたにお願いしたいのですが？」
　― 「～していただけると嬉しいのですが？」

● 同意から直截な拒否まで、要求には幅広い言い方がある。中には、言い方が難しい場合もあろう。もし、不満足な返事が返ってきたら、それは固執すべきほど重要なものなのか否かを判断する必要が出てこよう。

● 要求にこだわることは、固執の一種であり、それが聞き届けられ、理解され、真剣に受け取られるまで、少しばかり形を変えて、しかし明確なやり方でそれ

を繰り返すべきである。

● 返ってきた反応を反省し、しかも要求に忠実であるためには、以下のようにしてみること。

　ー相手の反応に注意する。

　ー適切な質問に応えて、あなたを混乱させる的外れの質問は無視する。

　ー相手の言ったことを端的にまとめてみる。

　ーあなたの要望を繰り返す。

● もし自己の要望に固執するのなら、声のトーンとボディ・ランゲージを静かに、またリラックスして一定に保つこと。攻撃に転換することは得策ではない。

● 固執することは、相手の権利、ニーズや要望を損なわない時点までOKである。受け入れざるを得ないところにきたのなら、理想を捨てて妥協点としてあらかじめ定めておいた「後退の位置」（fall-back position）を取るように努める。

意見を表明する

　意見をもち、それを聞き入れてもらう権利は、前に述べたあなたの権利のひとつである。意見をアサーティブに述べる際、以下のことを忘れないように。

● 自らの意見を述べる機会を設けようとする場合、

　ー意見を言う相手に会えるようにアレンジする。

　ーもし相手があなたに話をする機会を与えないのなら、それを止めさせる。

　ー手紙を書く。

● 簡潔、明瞭に自分の意見を述べる。

● 自分の意見を一般化したり、良く見せようとするよりは、「私はこう考える」「私はこう思う」「私の意見では」というように自分の意見はこうだとはっきり言う。

● 相手もまた、自分の意見を述べ、それを聞き入れてもらう権利をもっているから、できる限り妨害することなく話す機会を相手に与えること。相手の話を傾聴し、意見をけなさず、あなたと違う意見を尊重する。

● もし誰かが、あなたの話を遮ろうとするのなら、それを無視して話を続けることができるし、また次のように言うこともできよう。「終わりまで聞いていただきたい」「ちょっと待ってください。まだ終わっていません……」。話し終わった時、彼らに話したいことはあるか、また、聞いてほしいことはあるか尋ねてみる。

● 同意、不同意する最善のタイミング、また論争を止める最善のタイミングがある。

● 共通基盤を見つけることが、合意に達する非常に良いステップである。あなたが合意できるところや納得できる出発点を見つけ出すように努めること。

● あなたのしゃべることと同様、ノンバーバル・コミュニケーションは、正に重要である。攻撃的と取られかねない態度や声のトーンを避けること。特に反対の意見を述べるときには、重要である。

議論する

　議論は、職場の様々な活動のひとつである。われわれは、いかに多くの会議に出なければならないか！　議論は、様々な目的で活用することができる。例えば、アイデアを生み出すため、決定するため、意見を検討するため、アイデアを検証するため、問題を解くため、提案や計画を作るためや関係を構築するために活用される。議論に参加する人は、何らかの貢献をすべきである。そうでないのなら、その場にいるべきではない。すなわち、参加者は，すべて完全に参加する機会を平等に有する。

　とはいっても、議論はアンバランスになることが多い。例えば、ある人や幾人かの人たちが話し、他の人たちは聞くだけ。これでは、聞き手は何も貢献せずに、保身のために考えや意見を言わずにいるのに、話し手はリスクを負わされるだけと感じるであろう。一方、聞き手は、納得ずくと見なされて、無視されたり、また関心をもたれていないように感じやすいであろう。

　アサーティブ・アプローチは、その目的が何であれ、議論の過程と同様、参加者の目から見て議論をより効果的なものとするための個人としてのあなたを

支援することができる。

　以下に、アサーティブ・アプローチを議論にどのように活用していくかについて、幾つかの示唆を示す。

- 普通、適当な時に、会話に割って入ることができようが、口をはさみにくい場合、会話を中断させる方法を考える必要があろう。誰かが得々としゃべっている時に、それから注意をこちらに引くことは困難であろう。注意をこちらに引くために次のようなフレーズを用いるように努めよう。
  - ―「それについてコメントしたいのですが……」
  - ―「それについて意見を述べたいのですが……」
  - ―「それについて付け加えていいですか……」
  - ―「論点を見失わない前に……」
- 議論に割って入る必要があるとき、怒りからではなくただ発言したいだけであることを示すのと同様、ボディ・ランゲージを用いること。適切なボディ・ランゲージは、割って入る人の防衛的な攻撃性を和らげるうえで役立つであろう。
- あなたがしゃべっている時、十分しゃべり終わる前に、その話を遮ることをゆるしてはならない。あなたの言いたい核心を外さず、「最後まで聞いてください」と言うこと。ここでもまたボディ・ランゲージを用いて、まだ言いたいことがあること、そしてただ意見を言う平等な機会が欲しいということ示す。
- あなたが、話す権利を有するのと同様、あなたは、他者の発言する権利も尊重すべきである。
- 他者にあなたがしゃべったことについて、意見を言う権利を与えること。
- もしあなたの言ったことが理解されず、誰からも反応がない場合、「どう理解しましたか？」「どう思いますか？」や「何かおっしゃりたいことはおありですか？」といったオープンな質問を投げかけること。
- 議論によっては、平等に話す機会をもっているという権利を主張するために、会話に割って入る必要があるかもしれない。そうすることで、議論に加わりたいというあなたの意図が多くの参加者に伝わるであろう。

- もし、他の参加者と同様の話す機会をもちたいというあなたのメッセージが伝わらない場合、そのことを問題として取り上げる必要があるかもしれない。人を責めずに、ただ自分の気持ちとどのようにして欲しいのかを伝えること。
- 自分のしゃべっていることを立ち止まって見直すために、時々、沈黙したり、質問したり、意見を求める必要があろう。
- 会話においては、聞くスキルを実践しなければならない場合がある。ひとつのやり方は、話し手の言いたいことをまとめるために、その人が話す内容のポイントを拾い上げながら話を傾聴することである。
- 話を止めるタイミングを計るために、ボディ・ランゲージを観察すること。指を弄んだり、いたずら書きしたり、疲れで椅子に座り込んだり、窓の外を見つめたりすることは、聞き飽きたという気持ちの表現であることが多いだろう。
- メンバーのある種の行動は、時として一部やすべてのメンバーに受け入れがたいものがある。例えば、人種差別、性的言動、誰かをバカにする、毒付くことやあるグループ・メンバーへの徹底的な攻撃等である。そのような場合、アサーティブ・アプローチは、次のように対応をするであろう。

　―追及したり、責めないこと。

　―問題があることを認め説明すること。例えば、「そのような言い方をされると困惑します。なぜなら～」「そのような言い方をされると悲しくなります」といった後に、あなたの望むことを明確に述べ、アサーティブな要求、すなわち「～はして欲しくありません」「～は止めて欲しいです」を行う。

「ノー」という

　納得すれば「イエス」と言うが、「ノー」は、搾取された感情や「貶められた」感情を抱かせるであろう。相手に恨みを抱かせたり、自分のためにというより、相手の利益のために自分の時間と労苦を費やしてしまって自分自身に怒りを抱くかもしれない。あらゆる人の要求に応えることは、短期間の、役立っている、協力している、支持的であるといった気持ちをあなたにもたらすであろうが、他人の仕事をすることで満足することはないだろうし、また自分の仕

事に没頭する時間を削られ、自己を発展させる時間も取れないだろう。

　結局のところ、あまりに多くの仕事を引き受けることによって、あなたの仕事水準は影響を受けるであろう。さらに、あなた自身と他人の恨みをかうことによって、鬱状態に陥るかもしれない。慈悲深いことは、結局のところ善良な人に最悪のものをもたらすであろう。

　「ノー」と言うことは、当初は困難でストレスであろうが、物事を容易にし、断らなかったために負う長期にわたるリスクを回避できる。

交渉する

　アサーティブは、時には要求を拒否する場合、すなわち「ノー」といって協力しないことに用いられる。しかし、適切な場合には、協力を総合的に捉えることもあり得る。すなわち、両極端の間に交渉や妥協を置いてみる。交渉と妥協は、様々な状況下、すなわち、些細な人間関係から組織マネジメントや組合交渉まで、多くの職場で普通に必要とされる。アサーティブな交渉は、以下のことに関わる。

- この状況において、あなたの理想的な最良のものは何か、それをどのように達成したいのかを決めること。
- 「後退しても良い立場」、すなわち、妥協できる次善のものを決めること。
- あなたの理想的な最善のこととそれに対する強い思いを相手に伝えること。
- 相手の理想的な最善のことと相手側のそれに対する強い思いを明確にすること。
- 両方の最良のこととそれへの思いを斟酌し、あなたの次善の策を示すべき時か否かを決めること。
- 相手の妥協できることを明らかにすること。それができない場合、あなたの次善の策を提示すること。
- もし可能ならば、相手側と合意すること。
- もし相手側があなたの次善の策を超えて要求しようとしてきたのなら、次善の策に固執すること。

- 交渉中は、ギブアンドテイクを心がけること。しかし、あなたの限界点を知り、それを明確に伝えること。
- すべての交渉が、理想的なウィン・ウィンの結果に終わるということはないことを受け入れること。すなわち、すべての人が何かを達成したと感じ、それに同意し、前向きになるなどということはない。

フィードバックする

　フィードバックは、相手がわれわれに及ぼした影響を明らかにし、またわれわれが相手に及ぼした影響を知るための方法である。巧みなフィードバックとは、それが批判的であろうと賞賛的であろうと、有益で、効果的な学習のプロセスである。

　フィードバックを受けたり与えたりすることが、アサーティブなコミュニケーションの一種である。とはいっても、それは常にわれわれにとって容易なものではない。人々は、不満や建設的な批判を与えたり、受けたりすることに長けていないことが多い。その原因の一部は、スキルと実践の欠如であり、また自己や相手を傷つけたり、困惑させることへの恐れである。

　フィードバックをするとき、まず肯定的なことから始めること。そうすることで、受け手は、あなたにいかに好ましく認められているのかを知ることができよう。私たちは、ともすれば容易に否定的な側面を強調しがちである。長所よりもミスをあげつらい、批判の嵐を引き起こし、肯定的な側面を無視してしまう。肯定的なことを最初にもってくれば、否定的なことも聞き入れやすいし、行動も起こしやすくなる。

　聞き手が気をそらさず、聞き手に何をすればよいのかをフィードバックすることに集中すること。相手がほとんど、全くコントロールできないことや選べないことを相手にフィードバックするのは、役に立たないだけでなく、無意味で、フラストレーションや恨みを生みやすい。

　タイミングが大切である。多くの場合、フィードバックが最も有益なものになるのは、事が起きた直後であろう。なぜならば、行為と気持ちが、鮮明であ

るからである。しかしながら、相手がその段階でフィードバックを受け入れる準備が整っているかどうかを確認することが重要である。状況によっては、時期をずらす方が効果的な場合もあろう。

　否定的なフィードバックをしなければならない場合、様々なアドバイスが可能であろうが、多くの場合、簡潔に批判するのがベターであろう。否定的なフィードバックを肯定的な助言に変えてみよう。例えば、「新しいマネージャーを連れて来た時、皆は乗り気だったが、あなたは不機嫌に見えたね。皆に正式に紹介するのを一旦、控えようか」と言う。

　あなたが与えたフィードバックが直ちに理解される、また意図したメッセージがそのまま伝わるなどと思い込んではならない。正しく理解されているか他の人にチェックしてもらうこと。

　フィードバックが、相手に変化を求めたり、それを強いるような場合、抵抗を招き、攻撃行動をもたらすかもしれない。フィードバックは、相手にこうすべきだということを申し渡すことではなく、フィードバックする側から見て、こうした方が良いということを知らせるものである。

　客観的であるように努めること。意見の前に事実を提供し、観察可能な行動を提示することが、主観性の排除に役立つ。観察を考慮に入れ、相手にあなたから見て効果的と思える行動の情報を知らせることが有益であろう。

【批判的なフィードバックを行う場合】

- 良く練られた建設的な批判でさえ、必ずしもあなたの評判を良いものにはしないであろう。あなたは、何が重要かを決めなくてはならない。こちらの意図を分からせるためや嫌がられないために。
- 批判が妥当な場合、後ではなく速やかに批判する方が、親切であろう。つまり、相手に速やかに対応策を取る機会を与えること。批判は、二人だけで、対面で行うことが望ましく、また話し合う時間を十分取って行うこと。
- 相手がこうした方が良いとあなたが思うことを明確にする。批判に対して相手が行う、また行わなかったことの利点と欠点を相手に理解させること。

- もし批判を言うことが心苦しい場合、次のように言ってみる。「それを言うのは、私にとって心苦しいです。しかし、あなたもご承知の通り〜」「あなたを動揺させないか心配ですが、これは言わなければならないと思います。なぜなら〜」。
- もし抵抗に遭ったり、趣旨を分からせることが必要であると思う場合、そのフィードバックを続けなければならない。
- 肯定的な雰囲気で批判を終えること。相手が批判を聞いてくれたことに感謝し、相手が批判に沿って行動しやすいようにすること。

【賞賛のフィードバックを行う場合】

　賞賛は、多くの職場の雰囲気を良くするうえで役立つであろう。賞賛する際、純粋に行い、他の目的に利用しないこと。

【フィードバックをされた場合】

　時には、フィードバックが疎ましいこともあろう。しかし、他者の思いや気持ちを知らないよりは、知っていた方が良いであろう。あなたのためになるのだから、フィードバックを注意して聞こう。

　もしあなたが、そのフィードバックを見当はずれで、無意味だと思ったり、別の理由でその行為を維持したい場合には、フィードバックを無視する権利があろう。

　対応を決める前に、フィードバックを行う人の意図を理解すべきである。結論を急いだり、防衛的になったり、攻撃に走らないこと。なぜなら、そのようなことをすれば、人はあなたにフィードバックをしてくれなくなるからである。質問したり、受け取ったことを言い換えたりして、あなたが理解したことをチェックすること。

　情報源をひとつだけに頼っている場合、独りよがりな見解やバイアスのかかった見解をもちやすいであろう。フィードバックについて、他者の意見を聞いてみよう。あなたとは違った解釈を教えてくれるかもしれない。情報が増えれば増えるほど、あなたの意見は、よりバランスが良いものとなるだろうし、ま

たフィードバックもより的確に位置づけられるようになろう。

【賞賛のフィードバックをされた場合】

　賞賛を受けることが、難しい場合もあろう。贈り物と同様、受け手がそれを受け入れない場合、与え手は、傷つき、面目を失い、拒否されたと感じて、再び与えようとはしないであろう。賞賛は、相手の動揺なく受けられねばならない。簡潔に次のように言うこともできよう。「ありがとう」「そう言っていただいて感謝します」「分かっていただいてありがとう」。また、次のようにも言えよう。「少々戸惑いましたが、ありがとう」。受け手は、賞賛された理由を理解しつつも、あなたがお返しを求めていないことにも気づくであろう。

　賞賛する相手が、隠れた意図をもっていると思う場合、それを受け入れた後、また別に時間を取ってそれに対応すべきであろう。

【批判的なフィードバックをされた場合】

　建設的で、時宜を得た支持的な批判であっても、受け入れることがとても不愉快な場合がある。過去に批判を受けて傷ついたことがある場合、特にそうである。一方で、批判がとても役立つこともある。

　より良いことや別のことをやるのに遅すぎることはない。いわゆる「知っていたならば」症候群である。価値のある批判は、防衛的にならず、自己を正当化せず、言い訳せず、責任を押し付けずに受け入れること。

　もしその批判を受け入れることができない場合、相手を否定せずにそれを拒否すればよい。すなわち、「不同意です」と言って、「あなたは間違っている」とは言わないこと。後者は、対決的反応であって、相手に反抗を引き起こしかねない。

　もし相手が、「いつもあなたは〜する」といった形で一般化して批判してくる場合には、どういう意味か理解できないことを説明し、以下のように質問してみること。「私が何をし、どう言ったのでしょうか？」「一例をあげてもらえませんか？」「それはどういう意味か説明していただけませんか？」。こうする

ことによって、批判を引き起こすあなたの行動を明確にすることが出来き、ま
たあなたの行動が、相手にどのような感情を引き起こすかを理解するうえで役
立つであろう。もし、あなたが、もっと情報が欲しいことを説明し、防衛的で
も、挑戦的でも、また攻撃的でもない形で質問すれば、その批判に同意か不同
意を決めるのに必要な情報を得ることができよう。

　質問はまた、批判が不公正か悪意のある場合、それを証明するうえで役立つ。
相手は、情報、事例や説明等、その批判を擁護するものを提供するのが難しい
からである。そこから、あなたは、明確にそれに不同意と言うことができよう。
そうすることで、あなたは、将来、身に降りかかる不公正や悪意から逃れるこ
とができよう。

　その批判が、あなたにとって役立つことが意図されたものである場合やそれ
が役立つと証明された場合、相手に感謝すべきである。なぜなら、批判するこ
とは相手にとって難しいことであったり、また建設的な批判をするには、勇気
がいるからである。

第18章
出張ガイドライン

　ソーシャルワークは、通常の仕事場と他の職場で行われる。クライエントに会うために家庭、施設、病院や刑務所を訪問し、多様な場で行われる会議に出席する。ホテルに数日間泊まることもあろう。本ガイドラインは、個々のワーカーが、通常の職場から離れて仕事をする際に、その身の安全を守るために取るべき注意事項を提供するものである。

第1節　徒歩での出張

　徒歩での出張は、特に町内や市内を歩き回る方法として最も容易ですぐにできるものである。それは、一般に安全な出張手段であるが、特に冬場の午後のような薄暗い時間帯では、リスクが高まる。

　以下に、徒歩で出張する際の安全ガイドラインを示す。

- 行き先を考え、周囲を警戒し、注意すること。
- 夜道を歩かないように努めること。
- 人通りの多い賑やかな道を通ること。
- 近道をしないこと。

- 人通りの少ない静かな地下道を避けること。

- 歩道近くを走るタクシーを避けるために、車の進行方向と逆向きに歩くこと。

- 車の進行方向と同じ向きに、また駐車スポットに沿って歩く場合、直ちに引き
  返して別の道路を歩くこと。ドライバーは、すぐに対応できないから。

- 駐車スポットの場合、登録ナンバーを書き留めること。ドライバーは、多分す
  ぐにその場を離れるから。

第2節 ▍ 公共交通機関

ここでいう「公共交通機関」とは、バス、列車と地下鉄である。

- ワンマン・バスの場合、常にドライバーの近くに座ること。また車掌のいる2
  階建てバスの場合、1階に乗ること。

- もし可能ならば、賑やかで人が多いバス停か、人通りが多い、例えば駐車場や
  夜中までやっている店の近くのバス停で待つこと。

- 料金は、手やポケットにあらかじめ用意しておき、他の金銭や貴重品と別にし
  ておくこと。

- 手に一杯重い荷物を持たないようにすること。

- 素早く動けるように自分に合った靴を履くこと。もし必要があれば、靴を脱ぎ
  捨てること。

- 列車内では、今はずいぶん少なくなったが個室車両で人が乗っている場合、そ
  の車両を避けること。普通車両では、アラームのそばに座ること。少なくとも
  乗車記録器の近くに座ること。

- 車掌がいる場合、車掌車の一番近くの車両に乗ること。

- 駅では、すぐに逃げられるように出口に気を付けること。

- うとうとしないこと。身の回りで起きていることに注意を払い続けること。

- 不審な人が乗っていたら、車両を変えること。

- 地下鉄の駅では、注意を怠らず、出口とアラームの位置を確認すること。
- 地下鉄では、人が多い車両に乗ること。
- 護身用のアラームを携帯すること。それをバッグには入れないこと。
- たとえ公共交通機関が動いていても、夜遅く一人で利用することは控えること。

第3節　┃　タクシーを利用する場合

　ロンドンでは、Hackney交通（ブラック・タクシー）は、警察よりライセンスを受けている。そこのタクシーは、ライセンス・ナンバーを示す黒のナンバープレートを車体の内外に付けている。ドライバーは、バッジを付けなければならない。ロンドンでは、いわゆる「ブラック・キャブ」と呼ばれている。ミニ・キャブは、ロンドンではライセンスを有していない。ほとんどのミニ・キャブのドライバーは、信頼でき正直であるが、すべての職業にいえるように、彼らにも例外はある。

- 評判の良いタクシー会社の電話番号を控えておくこと。所属機関は、地域のタクシー協会と契約するのがよいであろう。
- タクシーを予約する際、ドライバーの名前と連絡先を会社に確認すること。車の特徴も尋ねること。
- 街中で電話をするとき、あなたの電話番号と名前等を他人に聞かれないように努めること。タクシー用の偽名（例えばMary Smith）を用いてタクシーを呼ぶこともできよう。タクシーが着いたら、ドライバーの名前と会社名を確認すること。
- できれば、友人と同乗すること。
- 別に冷たく接するわけではないが、常に後部座席に乗ること。
- ドライバーと会話する際、個人情報を伝えないこと。
- ドライバーに不快感を感じたら、賑やかで安全な場所で止めてもらい、車を降

りること。

●着く前に現金を用意し、車を降りてから料金を支払うこと。

●玄関のカギを用意し、素早く家に入ること。

　偽のミニ・キャブに注意すること。中にはミニ・キャブ協会に属していないのに車体の上にアンテナと車内に偽の受話器を付けている車もある。彼らは、夜間の混雑したタクシー乗り場で、「タクシーを呼んだ人はいませんか？」と叫んで、人を乗り込ませてタクシーを呼んだ場合の料金を取る。夜間で混雑している乗り場で早く乗りたい場合、誘惑にかられやすい。が、待つ方がより安全である。

第4節　┃　自家用車を用いる場合

　近年、自家用車を利用する際、襲われるケースが増えてきている。そのほとんどが窃盗で、その多くは、携帯電話や現金であり、中には車そのものを盗まれることもある。以下のガイドラインは、自家用車を仕事やレジャーで用いる際の安全に役立つであろう。

　あなたが用いる車が、自家用車、雇用主から借りた車、また所属機関がチャーターした車であろうと、同様に以下のガイドラインが適用される。

●定期的に修理し、自分でチェックして、すぐ乗れるようにしておくこと。

●車をタクシー会社から廻してもらう場合、チェックした車か、自分でチェックすること。

●安全に配慮したポータブルの缶に予備のガソリンを入れておくこと。

●事故対応会社に加入しておくこと。仕事で自家用車を使用する場合、雇用者は加入費用を払う場合が多く、またリースした車や会社の車を使用する際には、加入費用が付いているのが普通である。

● 何回も車で出張するのなら、車に電話を付けることを考慮すべきである。中には、雇用者がそれを提供している場合やその費用を賄ってくれる場合もあろう。

● 緊急時に連絡できるように小銭や電話カードを用意しておくこと。

● 道順を計画し、どこにどのように行くのかを確かめること。

● 停車して尋ねることがないように、常に必要な地図や道順を用意しておくこと。

● 行き先を伝えておくこと。変更する際には、その旨を伝えること。

● できるだけ車の中にいること。ドアに鍵をかけ、窓を閉めること。特に街中やジャンクション等でライトを消した場合にはそうすべきである。

● ひったくりに遭わないために、ハンドバッグや書類カバン等、窓から手の届かない位置に置くこと。

● 車を離れるときには、鍵をかけ、荷物や貴重品は足下に置くこと。外から車内が見えないようにすること。

● ガソリンスタンドで給油代金を支払いに車外に出る場合でも、車に鍵をかけること。

● 昼間、駐車する際、夜のように暗い場所を確認すること。

● 夜は、できるだけ明るく人が多い場所に駐車すること。多くの商店が集まった駐車場や自分の車が目につきにくい駐車場を避けること。

● 乗車するときには、後部座席をチェックすること。そのために、懐中電灯を携帯すること。

● 事件や事故を見た場合や誰かが旗を振ってあなたの車を止めようとしたときには、少し考えてみよう。止まって安全か？　助けは必要か？　助けに行く際、それは安全か、援助できるか？　助けに行く場合、それは安全か、またそれはより有益か？

● 先行車が停車し、あなたも車を停車しなければならないとき、エンジンをかけたままにしておくこと。車をはなれて、引き返して、もしエンジンを切っていてあわてて乗車する際、キャブレターを満たさねばならない。

● 追跡されていると思ったなら、他車に知らせるように努めること。ライトをつけたり、警笛を鳴らす。繁華街、警察、消防署や救急ステーション、ガレージ

まで走り続けること。

●停車場で、誰かが車内いるあなたに近づいてきた場合、ドアに鍵をかけ、窓を閉めて車内にいること。エンジンをかけていたのなら、走り出すこと。そうでない場合、エンジンをかけること。疑わしい場合、車を出すこと。できないときには、できる限り、大声をあげたり騒ぎ立てること。

●誰かが一部開いている窓などから、車内に無理やり入ろうとする場合には、力でそれに対抗する必要があるかもしれない。携帯アラームを持っていれば、それを使うとともに、防氷スプレー、靴のかかとやライター等も用いるべきであろう。攻撃者を驚かすことができれば、こちらのもので、その間に逃げ出すこと。

●友人や非常に親しい人以外、人（クライエント等）を車の中に入れるのは避けること。

第5節　高速道路

　高速道路を利用する場合、心配なことがある。事故が起こったり、救助が必要な場合があるからである。最善の対応については、様々な意見があり、状況に応じて判断すべきである。

●緊急電話機まで走行し、それを使うこと。できるだけ電話機に近づくために電話機と助手席のドアと同じ高さに停車する。

●ハザード・ライトをつけること。車から離れる際は、近くのドアから出ること。動物は車内に残すこと。

●電話機に近づくために車道を横断しないこと。電話機まで車をバックさせないこと。

●車で行けない場合、（100メートルおきの）マーカー標示が最も近くの電話機の場所を示している。電話機は、1,000メートルおきに設置されているので、

500メートル以上歩く必要はない。小銭はいらず、受話器を取って、警察に連絡する。警察は、あなたの居場所を分かっているので、居場所を告げる必要はない。

● 電話機の後ろに位置して、向かってくる対向車に気をつけること。行きかう車で騒音がひどいので、大声で話す必要があろう。

● もしあなたが女性で一人ならそれを伝えること。指揮所は、可能な限りあなたの無事を確認するようにパトカーに指示するであろう。幾つかの都市部では、警察は監視カメラであなたを監視できるかもしれない。

● もし電話機が近くにないなら、最寄りのマーカー標示のナンバーを書き込むこと。指揮所に問題を伝え、事故会社のカードと登録番号を用意すること。

【車内にいるべきか、それとも車外の道端にいるべきか？】

　高速道路規定第173条は、車内に残る、車外に出る、道路の端にいる場合の判断について、アドバイスを示している。しかしながら、高速道路での死亡事故の10％は、路肩に停車中の車との衝突であった。1988年には、そのような事故が25件起きている。

　もしあなたが一人で車内に残ると決めたのなら、すぐに警察に連絡するかしないかにかかわらず左側に座ること。そうすることで、あなたのそばに誰かいるという印象を与えることができる。すべてのドアに鍵をかけ、窓を閉めること。もし、車内にいることを選択した場合、事故に巻き込まれるかもしれないことを覚えておくこと。

　車外に出て道路の端にいる場合、通過する車の視界から外れて立つこと。すべてのドアに鍵を掛けるが、いざというときすぐに車内に戻れるように、助手席のドアは、大きく開いておくこと。後部座席の助手席のドアは閉めること。車内にキーを残さないこと。

　電話機の近くにいて、誰かが車を降りてきたら、電話で警察に連絡し、相手の車のナンバーを伝えること。

　レッカー車が到着した時、ドライバーにあなたの名前とあなたのために来た

事実を確認すること。中には、支払いを待って、配車する業者もいる。危険な環境下で車内に残ることと車を持っていかれることを秤にかける必要がある。

交通省、警察、自動車協会（RAC）と英国自動車クラブ（AA）は、路肩にいること、もし危険を感じたのなら再び車内に戻ることを推奨している。あらゆる事実を考慮に入れて決めるようにすること。すなわち、天候（霧、雨、雪、日光）、時刻、暗くさびれた片田舎か賑やかで明るい都市部かなどである。

第6節 | 宿泊所

- できれば駐車場の近くで、明るくてあなたやあなたの車がよく見える場所
- 受付では、あなたの名前と部屋のナンバーを他人に盗み聴きされないようにする。
- 外部から侵入しやすい部屋を避けること。例えば、1階や非常口の付いた部屋である。
- ドアチェーンがある、また合鍵で開かない鍵が付いている場合、それを用いること。
- ドア・アラームがある場合、それを使うこと。
- 安全であると確信できない限り、他人の部屋に行かないこと。
- 安全だと思わない限り、他人を部屋に入れないこと。
- 騒ぎに気付いた時、部屋にいて、助けを呼ぶこと。
- 暗くなってから、ホテルの庭をうろつかないこと。
- 食堂で食べることに不安を覚えたのなら、ルーム・サービスを利用すること。

第Ⅲ部
安全のための
トレーニング法

トレーナーのための
ガイドライン

　第Ⅲ部は、トレーナーのための一般的なガイダンス、幾つかのトレーニング・プログラムと「課題」を提供するものである。これらは、立場に応じて用いることができ、また特定の組織やグループのトレーニング目的に応じて修正も可能である。これらを用いるに際しては、第Ⅰ部や第Ⅱ部を参照していただきたい。

　ワーカーの身の安全政策の効果は、次のような事項によって左右されよう。組織と個々の被雇用者は、政策作りに合意してできた政策と手続きに積極的に関わる必要があろう。また、組織と被雇用者は、自己のため、同僚のために、安全レベルを向上させるうえで、自からの役割をトレーニングする必要があろう。第一線スタッフとライン・マネージャーのトレーニングは、ワーカーの身の安全政策を発展させるうえで、まさに要となるものである。

　組織や組織のトレーナーが、トレーニング・プログラムに取り掛かる場合、トレーニングを効果的にする各人の役割とは、そうと決められたものというより、仮りのものであると気づくのが、普通である。最悪の場合、誰が、何に対して責任をもつのかについて、大きな混乱が見られよう。そのため、熱意と期待をもった学習者が、支援、組織改革、資金等がうまく行かずにトレーニングの受講を諦めるということが起こり得る。その組織の各人の役割の明確化と合意に時間を割くことによって、利益がもたらされよう。

　例えば、政策責任者やマネージャーが、安全な職務遂行に必要な改革に財政を振り向ける役割を引き受けようとしない場合、トレーニングを通じて大きな利益を上げることなどほとんど意味をなさないであろう。同様に、トレーニングが効果的であることが証明されているのなら、スーパーバイザーは、職場の職務の安全な遂行の発展と維持を支援しようとするに違いないであろう。職務の安全保障に関わる様々な人の役割を明確にすることが、彼らの熱意を引き出すうえで、鍵になる重要な手続きである。

　何がトレーナーの役割で、責任なのか？　そして何がトレーナーに期待されているのかを明確にすることが、大切である。トレーナーの役割を決め、その役割を他の人と調整したり、他の人にその役割を伝えるためには、次のような領域を考えてみることが有益であろう。

　すなわち、トレーナーは、トレーニングの計画、デザイン、実行と評価に責任をもつことが期待される。しかし、安全のための政策や財務の決定、また組織や他の職員の諸問題に関わる責任はないであろう。

　トレーナーは、もともと、マネージャーと政策決定者がトレーニングを支援すること、そしてワーカーの安全に対する統合的なアプローチの一環であるトレーニングに必要な資源と組織的支援が用意されているとの前提に立っている。

　シニア・マネージャーは、トレーナーが、トレーニングの成果を職員の働き方に生かすように、例えば人事係と話し合うように働きかけねばならない。トレーニングの成果は、職場安全政策とその実践の発展に必要な情報を提供するうえで役立つであろうし、また政策決定部局へのルートも必要とされるであろう。職場の安全問題は、組織内のあらゆるレベルにおいて、配慮しなければならない問題であるにしても、特にシニア・マネージャーには、安全が考慮される場合を見極め、定期的にレビューする責任がある。特に、新しいサービスや施設が計画されている時には、そうすべきである。

第1節 ▊ 価値と信念

　われわれは、意識しようとしないとにかかわらず、価値と信念に基づいて動いている。そしてそれは、トレーナーとしてのわれわれの役割に影響を及ぼしている。われわれ自身の価値と信念は、それらが資源に及ぼすのと同様、トレーニングと学習者に影響している。

　中には自前のトレーナーを有している組織もあるが、多くは、独立したトレーナーと契約して安全トレーニングを行っている。その場合、トレーナーの能力と彼らの価値と信念を確かめる必要があろう。もし担当する組織が、ボランタリー団体の一員なら、トレーナーは、その団体の価値観を把握し、その利益と役割に注意すべきであろう。

　その価値と信念は、職場の安全とトレーニングの観点から以下のように解説されるが、それらは、また本書の基礎でもある。それらは、その内容に、また、ソーシャルワーカー、マネージャーやトレーナーは、どのようなスタイルと期待をもって、用いるべきかということに影響を与えている。

- 安全を追求する仕事は、「われわれ」の課題であって、それはすべての人がそれに責任をもつという意味である。すなわち、「彼らとわれわれ」という問題ではあり得ない。そこでのマネジメントとは、ワーカーや組合との対立の中にあるわけではない。安全な職場環境を作り上げるためには、すべての人が、それぞれの役割を果たさなければならない。
- 人は、安全な環境で仕事をする権利を有している。そして、マネージャーは、法律上、できる限りワーカーが、安全であるよう保障する義務を負っている。同様に、マネージャーは、支援と協力を期待する権利を有するし、またワーカーは、それに応える責任をもつ。
- トレーナーはトレーニングを行い、学習者はそれを学ぶ。どんなに良いトレー

ナーであっても、学習者に代わって学ぶことはできない。学習者の学びを促進
させるのみである。すなわち、 参加者は、それぞれ自己の役割を果たす責任を
有する。

●トレーニングは、それが学ぶ人中心の場合、最も効果的である。すなわち、学
習者のニーズ、経験のレベル、学習者に適した学びのスタイル、知識と職場の
状況を考慮して、トレーニングを組み立て、それを提供すること。

●トレーナーは、学びを可能にする人である。すなわち、トレーナーは、資源で
あり、学ぶ機会をデザインし、それを提供する能力と経験（必ずしも専門家で
はなく）を備えた人である。

●トレーニングは、人にとって安心なものであるべきである。特に、学校のイメ
ージをもってやってくる人や、挑戦されたり、質問されたり、自分をさらけ出
すことに恐怖を感じている人にとっては、それは大切である。自信をもった人
でも、トレーニングを当惑する、脅威を感じるものとみなすことがある。トレ
ーニングの内容が、感情的な反応を引き起こすかもしれない場合、特にこのこ
とが大切である。トレーニングの目的、基本的ルールと行動規範を明確にする
ことによって、トレーニング環境が安全なものになるよう保障することが、ト
レーナーの役割である。それはまた、トレーナーは、困難な状況にある個々の
学習者を支えることや不適切な行動に対応する必要があることを意味する。

●平等は、トレーニングを通じて考慮すべき基本的なことである。それは、トレ
ーニング過程のあらゆる側面において、考慮に入れるべき事柄である。例えば、

　一食事制限に配慮した食物

　一障碍者のアクセス

　一点字や補聴器のサービス

　一人種差別や性差別から解放された資源

　一ステレオタイプなイメージより、ポジティブなイメージを提供する資源

　一その集団の職務責任に配慮したトレーニング時間

　一一時保育や保育の設備

　一宗教行事、お祭りや学校の休暇日とぶつからない日程

　　―使用される言語が、ステレオタイプを促進させるべきではない。例えば、マ
　　　ネージャーを習慣的に思わず「彼」といってしまう。

　　―人に対して先入観をもたず、どのように呼んでほしいのかをチェックするこ
　　　と。例えば、「女性」か「レディ」か、「黒人」か「アジア人」か。

　　―トレーニングの開催場所のスタッフは、どのような行動を求められているの
　　　かを知っておくべきである。

　　―開催場所は、安全であること。すなわち、安全で明るい駐車場があり、宿泊
　　　する場合には、夜間でも安全で、交通の便の良い所である。

　　―すべての人が、見解や意見を述べる機会をもち、その見解や意見は尊重され
　　　ねばならない。

●学習者の経験を理解し、それを活かすことが、大切である。なぜならば、それは、
　　―学習者の学習を活性化させる。

　　―学習者の経験の価値を認めて、それに基づいて構築する。

　　―トレーニングが個人に関わっているという感覚を高める。

　　―集団内の互いの学びが可能になり、集団としての成長に寄与する。

　　―そのトレーニングから学習者が最も学んだことは何かを示しており、それを
　　　話し合うことを計画に入れるべきである。

●トレーニングは、建設的なものであり、破壊的なものではない。トレーニング
　が、批判的なもの、となるべきではない。それは、グループにとってカタルシ
　スとなることもあろうが、その過程で、メンバーが自己の責任の認識や変更に
　夢中にならないように注意する。

●暴力に関わるトレーニングの文脈からいえば、それは個人的なものではなく、
　仕事に関係したものであることを強調するのが重要である。トレーニングは、
　学習者の経験と気持ちに敏感であるにしても、それはカウンセリング活動では
　なく、安全に仕事ができる状況とその発展とに関わるものである。

第2節 | 成人の学習者

　学校教育を通じて、また仕事で得たものとともに、成人の学習者は、豊富な生活経験を有しているであろう。自分の価値観と信念をもっているであろう。すなわち、彼らは、彼ら自身の見解と意見を作り上げてきたであろう。また、生活と仕事への意欲や期待をもっているであろう。物事を行うに際して、それぞれ違ったモチベーションを有しおり、一般に個人意識と個人的ニーズをもっている。

　トレーニングを行うに際して、成人は、自己の学習能力は、トレーニングを行うことにふさわしくないと感じることが多い。中には、学校や他のトレーニングに、あまりうれしくない記憶を有する人もいる。早急にその学習状況に適応できない場合、面目を潰し、動揺するかもしれないし、また新しい状況と人を不安に思いやすい。

　調査によると、成人の中には記憶が年齢とともにおとろえるのと同様、学習進度が年齢とともに落ちていくことが証明されている。しかし、経験とモチベーションがうまく作られたトレーニングと結び合わさって、それを補償することができよう。

　これらのことを念頭に置いて、成人の学習者のためのトレーニングを設計し提供する場合、以下の点が参考になる。

- 成人は、どこにどのように導かれるのか理解できるとより安心感を抱くであろう。トレーニングの目的と目標を説明すべきである。すなわち、学習を可能とする者として、またサポーターとしてのトレーナーの役割と学習する学習者としての責任である。もっとも、その場は、できるだけ安全で脅威のないものとしなければならない。
- 参加者の経験が考慮されねばならない。参加者の多様な考え、見解、意見や示

唆が、対立や論争に向かうよりも互いのためになるように工夫されねばならない。これらが計画されるには、時間がかかるであろう。

● 最初から、懸念や不安を感じるのが当然であるということが示されねばならない。すなわち、他の人も同じように感じているのだということを知ることが、助けとなろう。不安や恐れといった感情が邪魔をする場合、われわれの学ぶ能力は、うまく働かなくなる。トレーナーは、そのような感情を無視するよりも、その兆しを察知し、対処すべきである。

● トレーニングに関わる懸念を共有するのに役立つ導入練習は、緊張を和らげる良い方法である。

● 違いを尊重し、自分の考えや気持ち等を表明できると感じられるように、集団規範を作るべく努めるべきである。

● 競争は、最小限に保つべきである。競争よりも協力を求める活動が役立つであろう。

● 勇気づけと集団の経験は、自信を高めるために用いられるべきである。ただし、父権的ではない方法を取るべきである。

● トレーニングは、具体的なものから抽象的なものへ、容易なものから難しいものへとデザインされるべきである。ステップ・バイ・ステップに、ひとつのことを学べば、それを基盤に構築し、自信をもって達成し、成長するように。抽象的なレベルから新しいことを始められる人は稀であるから、より簡単なものから学ぶべきであろう。

● われわれは、すべて感性を通じて学び、覚える。学習と記憶の調査は、次のことを示している。すなわち、われわれは、

―聞くことの10%を記憶する。

―聞くことと見ることの50%を記憶する。

―聞くことと見ることと行うことの90%を記憶する。

　これからいえることは、トレーニングは、ひとつの感覚よりも同時に複数の感覚を刺激し、それを用いるように構成する方が、学習や記憶の観点からより効果的である。

● 記憶は、また、学習したことを復習したり、見直ししたり、まとめたり、また実践を多くすることによって、高めることができる。

● トレーナーは、成人学習者が、言っていることを受け入れず、議論を吹っ掛けたり、プログラムの変更を求めたり、予想外の課題を取り上げるよう願い出たりしても、動揺してはならない。トレーナーは、できる限り柔軟に対応すべきである。すなわち、個人のニーズを満たしつつ、同時にその集団の他の人のニーズとのバランスを取り、さらにトレーニングの目的と目標を達成するのである。

● トレーニング活動と学習者の学びが、結び付いており、また職務とも関連していなければならない。それによって、実践上の有用性や妥当性が証明され、学習にも意欲が出てこよう。

第3節 ┃ トレーニング・ニーズの把握

　ほとんどのトレーナーは、トレーニングのニーズを、現在もち合わせているスキル、知識、経験、実践力、態度、行動と、現在または将来と、その組織に必要なことと、また望ましいこととのギャップとして、定義するという古典的な理解をもっていよう。

　職場の安全に関わるトレーニング・ニーズを明らかにすることは、次のようなニーズを明確にすることと結び付いている。

● 政策や実践の結果としての組織全体の一般的ニーズ

● 特定の役割や職務を担うスタッフ集団の特定のニーズ

● 制度上取り上げねばならないニーズ

● トレーニングが必要であると証明されたこれまでの問題点

● ワーカー自身、スーパーバイザーやマネージャーが必要と認めた事柄

● 他の組織の良き実践の学び、調査や観察から必要とされた事柄

　参加者自身が、トレーナーが必要だと思う事柄を共有することが、トレーニング・ニーズを明らかにするうえで特に重要である。学びと学んだことを実践することへの参加者の熱意が、必要であろう。そして、その熱意は、必要性、自分の仕事への関係性、得られる利益を参加者が自分のこととして理解することによってのみ、花開くであろう。

　上記を達成するためには、トレーナーは、学習者ができる限り、自己のニーズを明らかにするようにもっていき、さらに学習者がそのトレーニングの必要性（それは法律や制度によって、「押し付けられた」ものでもあろう）とそれが自分の仕事にどのように関わっているのかを納得することに時間をかけるべきである。

第4節　目的と学習目標

　目的とは、トレーニングが達成すべき全般的な事柄である。それは、広い意味では、そのトレーニングを行うに際して、トレーナーが意図していることである。例えば、「このトレーニング講習会の目的は、安全政策とそれを実行する際の役割を参加者に紹介することである」「このトレーニング・コースは、すべての受付スタッフが、新しい安全手続きに慣れてもらうためのものである」。

　学習目標とは、そのトレーニングがうまくいった場合、参加者が習得する事柄の詳細な内容である。学習目標を立てる際には、以下の5つの原則がある。

1　常に学習者に焦点を当てていること。
2　具体的な行為として表現されること。
3　学習内容に関わる特定領域に関するものであること。
4　実践の受容の程度を示していること。
5　新しい行動が行われる状況を示していること。

　簡単にいうと、学習目標は、学習者が行為可能なこと、その基準とそのための条件である。例えば、トレーニング対象者の学習目標に、次のように5つの原則が適用されるであろう。

　　受付スタッフ（1）は、スーパーバイザーの支援なく（5）、完全かつ正確に（4）、対面受付手続き（3）に沿って、段階を踏んで職務を行う（2）。

　学習目標を描くことは、常に容易とはいえない。特に学習内容が、たやすく測定したり、実行できない場合である。次のような用語を用いない方が、良いであろう。「知る」「正しく評価する」「把握する」「熟知する」「実現する」や「理解する」である。これらの語句は、客観性から遠く離れている（原則2）。その行為を証明する方法がないにもかかわらず、「正しく評価する」とか、どこまで「実現する」とか言われてもどうしようもない。

　以下のような用語を用いる方が、有益であろう。「表明する」「描く」「説明する」「証明する」「明確にする」「リストアップする」「優先順位を付ける」「解く」「遂行する」「意図的に行う」である。これらの語句は、特定の行動を意味しており、理解しやすく使いやすい。

　トレーニングの目的と学習目標を立てることは、非常に時間のかかることであろう。しかし、それはとても有益なことである。すなわち、

- トレーナーが、そのトレーニングの目的と学習者の学びの成果を明確にするのに役立つ。
- 最初は時間を取るが、それを書き留める訓練を行う。適切な資源や活動が明らかになれば、時間を取らなくてもよくなる。
- 評価の基礎、成功を測定する基盤を提供する。
- トレーナーが、その考えを政策立案者やマネージャーに「売り込むこと」や新たな学習者を「獲得すること」に関わろうと否かにかかわらず、明確な目的や目標は、トレーニングについて話し合うことを容易にする。

●目的と目標は、トレーニングの「最終到達点」を示すだけではなく、そこに到達するための「道筋」である。

このようにすることで、トレーナーと学習者は、トレーニング過程を明確にし、自信を深めることができる。

第5節 ▌ 学習者を動機づける

学習するように動機づけられていると、学習への取り掛かりが良くなるであろう。人は、興味を抱き、学習の結果、進歩、達成、報酬や新たな責任を自覚できれば、動機づけが高まる。

もし、トレーニングのデザインと実践が、魅力的で注目を浴び、興味を引き起こし、学習者の個人的な利益をもたらすことが分かれば、学習者を動機づけることに役立つであろう。トレーニングをデザインするに際して、考慮すべき要素を以下に示す。

●**現実的**：学習者にリアルな経験をさせる。トレーニングの中で、参加者は、できる限り、見て、行い、感じ、聞く必要がある。

●**興味**：学習は、パズルや問題を解く過程のようにデザインすべきである。そして、参加者が、それを解くのに熱中するよう仕向ける。

●**多様性**：飽きさせないこと！ 多彩な方法と手助けが、参加と活動をより活性化させよう。

●**利益**：なぜ学ばねばならないのかを理解させ、その学習が、自分自身、仕事と将来に利益となることを気づかせる。

●**達成**：達成された進歩を強調し、参加者が、新しく身に付けたスキルや知識を披露する機会を設ける。

●**環境**：できるだけ楽しくリラックスした環境であること。人が快適になるもの

を揃える（新鮮な空気、暖かさ、飲み物、食事等）。妨害や騒音を避けること。

- **熱意**：トレーナーは、熱意と興味をもつべきであるが、学習者は、そうではないであろう！
- **参加**：できれば参加者は、トレーニングのデザイン、内容と運営に参加すべきである。参加者が、何が必要で何を求めているのかを明らかにする以上に、参加者を動機づける必要はない。活動への参加自体が、参加者のニーズと願いを示していると考えられるからである。

第6節 ┃ トレーニングの計画

　何かを計画するのと同様、トレーニングを計画する際には、様々に関連する複雑な要素を考慮に入れつつ、判断と決定を行うのが普通である。最初から幾つかの基本的な質問項目を立てて行うことによって、この過程を簡潔に行うことができる。それは、計画者のガイドとなりまた、見落としを避けることにもなる。以下のチェックリストが、完璧なものではないにしろ、計画作成に当たっての質問項目となろう。

- **何（What）**
  - ―明らかとなったニーズは何か？
  - ―トレーニングが達成を意図しているものは何か？ （トレーニングの目的と目標）
  - ―内容は何か？ 2時間のセッション、週1回のコース？
  - ―その内容で、実際に何を達成できるのか？
  - ―その内容で、最善の方法は何か？ また何が可能か？
  - ―そのために必要な資源（人、資金、設備、物）は何か？
  - ―トレーナーが、得意で、達成できる自信のあることは何か？
  - ―どのような支援（事務作業、専門家）が必要か？

● **誰（Who）**

―誰が誰（成人、特定のスタッフ、セクションを横断したスタッフ）に対して
　トレーニングするのか？

―誰が何（例えば、登録、資料の印刷、説明、プレゼン、評価）に対して責任
　をもつのか？

―誰が誰（例えば、トレーナー補助者や協力者、調整者、トレーニング評価担
　当マネージャー）に対して連絡を取り合うのか？

―誰がフォローアップの担当者になるのか？

―誰（マネージャー、参加者、トレーナー）をトレーニングに関わる決定に参
　加させるべきか？

―トレーナーは誰か？　なぜ彼が選ばれたのか？　そのトレーナーの経験と特技は
　何か？

● **いつ（When）**

―いつトレーニングを行うのか？　それが一連の企画である場合、他の事項と整
　合させる必要がある。いつ学校の休暇中の親やパートタイムのスタッフを外
　すのか？　いつ計画、準備、説明等を行うのか？　参加者の会議をいつ行うの
　か？

―いつトレーニングとそれぞれの役割を伝えるのか？　いつ彼らを参加させるの
　か？　またいつ登録させるのか？

● **どこで（Where）**

―どこでトレーニングを行うのか？　開催場所を選択することは可能か？　職場内
　か職場外か？　そこで行うメリットとその理由は？（妨害を受けず、また交流
　しやすい場所）。開催場所は、参加者のアクセスやサービス利便性を満たして
　いるか？　開催場所の環境は、適しているか？　広さ、温度、採光、心地よい座
　席、騒音、トレーニングの備品と設備。

―参加者はどこから来るのか？　安全に利用できる公共交通機関はあるのか？　安
　全な駐車場はあるのか？

● **どのように（How）**

　―トレーニングの効果は、どのように測定するのか？ さらにそのデータは、将来のトレーニングと実践にどのように活かせるのか？

　―トレーニングのフォローアップは、どのようにするのか？ 例えば、さらなるトレーニング、学習者の支援、組織の改革は、どうするのか？

　―トレーナーは、そのグループの困った人をどのようにマネージするのか？ 特に、論争、対立、動揺したり、特別な助けが必要な場合や、そのグループが「これは私たちが求めていることではない」と言って、改善を求めている場合である。

● **なぜ（Why）**

　―なぜトレーニングが計画されたのか？ トレーナーは、組織内でそのトレーニングが支持を受けるようにし、また、それがすべての問題を解決し、自動的に改善をもたらすものであるという幻想を抱かないようにすべきである。

　以上の課題に取り組めば、トレーナーのプログラムが作成可能となる。プログラムには、以下の事項をすべて、または幾つか入れるべきであろう。

● **目標**：トレーニングの目的を一般的な言葉で言い表したもの。

● **学ぶ対象**：参加者が学ぶべきことの内容と学んだ結果、身に付くことができる事柄。

● **対象者**：誰のためのトレーニングで、なぜ彼らにそれが必要か、彼らにどのような利益をもたらすのか、またそれは、彼らの仕事や他のトレーニングとどのようにつながっているのか？

● **時期**：いつトレーニングを行うのか？ 日時。個々のトレーニング内容をいつ行うのかを明示する。

● **場所**：どこでトレーニングを行うのか？ 設備と場所の特定。例えばアクセス。どのようにそこに行くのか？ 使用する部屋は、どこにあるのか？

● **トレーナー**：誰がトレーニングを行うのか？ 内部の人か、それとも外部の専門

家か？ トレーナーの名前とバックグランドや経験といったトレーナーの情報を
提示すべきである。

● **内容**：トレーニングの内容を提示する。

● **方法**：トレーニングで用いられる方法の説明。例えば、次のような説明をす
る。「トレーニングの方法は様々です。トレーナー主導の場合もあれば、参加者
が中心のやり方もあります」。

● **評価**：トレーニングの評価は、いつどのように行うのか？ 例えば、

　―トレーニングの終わりにアンケート調査を行う。

　―トレーニング中に、自己評価や仲間同士の評価を行う。

　―後で職場において評価する。

● **連絡先**：トレーニングのコーディネーターの名前と連絡先と開催場所への連絡
の方法。

第7節　トレーニングの評価

　評価の過程は、普通、トレーニング結果の情報を得ることであるとされる。
この情報は、必要がある場合には、トレーニングの改善の意見も伴うが、一般
にトレーニングの価値とその効果を評価するものである。評価は、そのトレー
ニングの目的と目標が達成されたか否かを証明するのに役立つから、トレーニ
ング過程の重要な要素である。評価によって、そのトレーニングが、どのよう
な行動と実践の変化をもたらしたのか、またサービスの質をどう変化させたの
かが、明らかにされよう。問題点、困難点やさらなるトレーニングのニーズと
ともに、評価は、トレーニングを発展させ、また効果的なものにする方法を浮
かび上がらせてくれよう。

　特定の集団のスタッフや特定の役割や任務をもつ人たちのためのトレーニン
グの適切性も評価することができよう。評価は、また資金、時間、空間、素材
や人材といった資源の不足や非経済的な使用に焦点を当てることもできる。評

価は、各段階の関係者たち、例えばそのトレーニングの実施に貢献した人たちに有益なフィードバックを提供する。さらに、トレーニングを提供する人たちや、また参加者自身にとっても有益である。

トレーニング評価は、最初に目的と目標を明確に設定しておけば、よりやりやすくなる。評価の目的に応じて、様々な情報収集の方法がある。

- 早急に反応を見るには、セッション、イベントやプログラムの最後にアンケート調査を用いる。
- 学んだことを記憶にとどめている度合いや、どこまで職場で生かされているのかを評価するには、トレーニング終了後、何週間か何か月か後にアンケート調査を行う。
- 評価情報の収集のために、トレーニングの最中や終了後に質問に答える時間を設ける。例えば、参加者は、ある部屋に招かれ、部屋に貼られたメモ用紙に書かれた項目に自由にコメントを書いてもらう。これは、「落書き作業」（graffiti exercise）と呼ばれる。
- 学習者は、トレーニングの終わりに口頭でその価値についてコメントを求められ、それを記録する。
- 学習者は、トレーニングの終了後、しばらくたってから職場に呼ばれ、インタビュー形式でコメントを求められる。
- トレーニング終了後、参加者のライン・マネージャーと、どのような成長がみられたのかについて、話し合う。
- 参加者は、トレーニング後しばらくたってから見解を尋ねられ、それとトレーニング終了直後の見解とを比較する。
- 評価セッションのために再び関係者が集められ、どのような情報が必要かについて特定の側面からコメントを得る。
- 参加者に、トレーニング終了後、一定の期間、日誌を付けてもらうよう依頼する。さらにできるなら、いつ、どのように学習したことを生かしているのかを記録してもらう。

　以上、これらは、評価データ収集のための幾つかのアイデアに過ぎない。他にも用いることができる方法（複雑なものもある）が、多くある。しかし、評価に際して忘れてはならない重要なことは、トレーニングの実施主体が、たとえその評価が、失敗、決定や仕事の不十分性、また判断ミスを意味するものであったとしても、その評価結果を真剣に受け止めることができるか、そして必要な改善を行うかどうかである。

課題 1
職場における暴力問題への導入

◎ **目 的**

職場における暴力問題への気づきを高め、安全な職場を保つための方法を考える。

◎ **目標とすべき対象**

トレーニングを受講した後、参加者は、次のことができるようになろう。

- 職場における暴力問題の意味が分かる。
- 職場において直面するであろうリスクを明らかにする。
- 職場の安全を確保する取り組みを企画する。

◎ **トレーニングの時間**

2時間半

◎ **対象グループ**

職場における暴力問題への導入と安全を保つ必要のあるすべてのスタッフ。このプログラムでは、一般的な保健と安全のためのプログラムの中に含ませることができよう。

◎ 資　源

メモ帳と、ペン、幾つかのあらかじめ準備された教材やプリント

◎ 環　境

グループのすべての参加者がサークル状に気持ちよく座れ、また短時間ペア
で練習できる広さの部屋。

◎ タイム・テーブル（手順）

1	導入	15分
2	職場暴力の意味するもの	30分
3	リスクの最小化	1時間
4	安全のための実践——個人別の行動プラン	30分
5	まとめ・評価	15分

◎ コメント

1　導　入

- 自己紹介をし、トレーニング・プログラムの目的と目標を説明する。
- グループメンバーの自己紹介を行う。
- 終了時間、場所等のいわゆる「実施手順」を知らせる。

2　職場暴力の意味するもの

- 職場暴力とは何かについてメンバーの意見を求める。
- 「職場暴力」の意味について、何を含み、何を外すのか、またその理由を議論する。
- グループに、他では職場暴力をどう定義しているのかを提示、説明する。
- グループが決める暴力の意味は、包括的なもので、暴力行為の範囲とその影響も含まれる。

3　リスクの最小化

- グループが置かれている、または馴染んでいる職場を明らかにする。例えば、受付、出張、市民への対応、金銭の管理等。それらの個々のリスクやリスクの可能性に話を進め、必要があれば、それに対するメンバーの意見を尋ねる。
- 個人として、またグループとして取るべき行動と、運営管理上の取り決めや支援、他者への支援のあり方をグループとして決める。決定事項を記録する。

4　安全のための実践

- メンバーは、各自、行動プランを作成する。それには、直面するリスクを最小限にするために取るべき行動と、他者の助けが必要なリスクに関係者が気づいてもらうための行動がリストアップされる。
- メンバーが、行動プランを実践する際、プランをもう一度、点検し、できるなら行動の期限を設定するよう依頼する。これによって、彼らはプランを実施しやすくなるであろう。

5　まとめ・評価

- まとめ：以下の主要な学習ポイントを振り返る。
  - 職場暴力の意味
  - リスクがあるとした領域
  - リスク最小化への考え方
  - そのために取るべき行動
- 評価：次のどちらかを行う。
  - プログラム、場所等の内容と実施を簡潔に評価する。
  - プログラムを後ほどどのように評価するのかを説明する。

課題2
マネージャーの役割

◎ 目 的

マネージャー（管理職）は、職場において被雇用者の安全を保障する義務と役割があることをマネージャーに気づかせる。

◎ 対象（目標）

プログラム終了時、参加者は以下のことができるようになろう。

● 被雇用者の安全について、雇用者としての義務を説明する。

● なぜ職場の安全のために行動しなければならないのかが分かる。

● 安全対策の進展を支援する行動プランを用意する。

◎ 時 間

3時間半

◎ 対象グループ

これまで職場安全マネジメントのトレーニングを受けてこなかったマネージャー。特に政策立案とその実施に関わらせる役割をもつマネージャー。

◎ 資　源

オーバーヘッド・プロジェクター、フリップチャート（解説用図）とペン。他の教材やプリント。

◎ 環　境

グループが、サブグループに分かれて活動できる広さの部屋。休憩時間が取れる場所。

◎ タイム・テーブル

1 導入	15分
2 職場暴力の定義	15分
3 雇用者の義務と行動の必要性	1時間
（休憩）	15分
4 安全のための取るべきステップ	1時間
5 行動プラン作り	30分
6 まとめ・評価	15分

◎ コメント

1　導　入

- 自己紹介をし、目的と目標を用いてトレーニング・プログラムの説明をする。
- グループメンバーの自己紹介をする。
- 休憩、終了時間、場所等の「実施手順」を知らせる。

2　職場暴力の定義：短い導入セッション

- 「暴力」の意味は、その行動の範囲と効果も含む幅広いものである。
- 事前に用意したオーバーヘッド・プロジェクターやフリップチャートを用いて、他者が用いている定義を紹介し、それぞれの考える定義を示す。
- グループが、職場暴力の定義を共通認識としてもつことは、有益でありまた重

要である。

3　雇用者の義務と行動の必要性

- 安全を確保するための雇用者の法的義務についてどう考えているのかグループに質問する。

- 用意したプリント、オーバーヘッド・プロジェクターのスライドやフリップチャートを用いて、職場保健安全法とコモンローにおける雇用者の義務のリストと、それらに反することは民事訴訟になるリスクをグループに示す（第5章参照）。メンバーが提示したリストと、それがどれほど正確か比較させる。

- 被雇用者の安全に関して、以下の観点に関わる行動を取らなった場合どうなるかをグループに質問する。

  ─法的観点

  ─組織への影響の観点

- フリップチャートやオーバーヘッド・プロジェクターのスライドにその答えを書き出し、アイデアを提供し、不足していることを付け加える。

（休憩──15分）

4　安全のための取るべきステップ

- 国の保健安全委員会のブックレット「スタッフへの暴力を予防する」の職場暴力と闘うための7段階の行動プランとその内容を説明する。あらかじめ、フリップチャートやオーバーヘッド・プロジェクターのスライドにそれらを書いておく（第5章参照）。

- グループにそれぞれの段階を示し、その内容とそれがなぜ重要かを説明する。どのようにしたら個々の段階を行うことができるのか（またはできないのか）をグループに考えさせる。メンバーは、それを有益な方法だと感じているであろうか？　自分たちの組織においては、それに付け加えてどのような示唆やアイデアが必要か？

5　行動プラン作り

- 各行動プランには、どのような行動を誰が行い、誰が監督責任をもつのか、またタイムスケジュールが記載されねばならない。
- その行動には、職場暴力対策を議論するマネジメント会議から、リスク調査と提案作りのためにコンサルタントを雇うことまで含まれよう。
- 行動プランは、実行可能なものでなければならない。そして、その進展具合をチェックするために、互いにフォローアップするようにメンバーを励ます。

6　まとめ・評価

- まとめ：プログラムの主要な学習ポイントを振り返る。
  - 職場暴力の広義の定義
  - 雇用者は、法的義務により職場暴力とそれが組織と個人に及ぼす影響に対処するために行動しなければならない。
  - 行動プラン作り
  - 行動プランにおける職場暴力への7つの段階
  - 参加者が決めた行動
- 評価：一定の形式や集団活動を用いた簡単な評価を行う。以下の領域に焦点を当てる。
  - 最も重要な学習ポイント
  - 知りたいこと、行いたいこと
  - 教材やトレーナー等の効果

どのような評価がどのように行われるのかを説明する。

課題 3
暴力への対応

◎ 目　的

暴力に対処するためのスキルをスタッフに伝授すること

◎ 目　標

プログラムの終了時、学習者は以下のことができるようになろう。

- どのような行為が暴力行為なのかを理解できる。
- 暴力行為を引き起こしかねない切っ掛けを説明できる。
- 差し迫った暴力行動のサインを説明できる。
- 暴力を振るう人に直面した際、取り得る行動が理解できる。
- 非身体的暴力行為に対処する三段階コントロール法を説明できる（第16章参照）。

◎ 時　間

まず1日かけて行い、それにフォローアップのセッションを付け加える。

◎ 対象グループ

定期的に市民、カスタマー、クライエントに対応する「現場」（front-line）スタッフ

◎ 用　具

オーバーヘッド・プロジェクターやフリップチャートとペン、あらかじめ用意したプリントと短時間のロールプレイや観察といった方法

◎ 場　所

サブグループに分かれて活動できる広さの部屋か、それができる別室を備えている部屋

◎ タイム・スケジュール

1	導入	30分
2	暴力行為とは？	1時間
	（休憩）	15分
3	危険の原因とサイン	45分
4	暴力に直面した時どうするのか？	1時間
	（昼食のための休憩）	1時間
5	三段階コントロール法	2時間30分
6	行動プラン	30分
7	まとめ・評価	30分

◎ コメント

1　導　入

- 自己紹介を行い、トレーニング・プログラムの目的と目標、内容とそれによって得られるものを説明する。
- グループメンバーの自己紹介
- 食事時間、休憩、場所等の「実施手順」を説明する。

2　暴力行為とは？

- どのような行為が暴力行為なのかをグループが理解できるように、ブレインス

トームなどの簡単な演習を行う。その結果をフリップチャートに記録する。

- ●「暴力」という用語は、（攻撃、虐待行動、無作法、ハラスメントといった言葉と異なり）身体的、非身体的行為の両方にわたる幅広い意味で用いられていることを説明する。

- ●暴力行為リストにさらに加えるものがあるかどうかをグループに尋ねる。もし必要がある場合には支援すること。

- ●暴力に関する作業的定義（第4章参照）を用いて、もしそれが望ましい場合、グループが暴力の内容とその影響について共通理解をもつようにする。

休憩──15分

3　原因と危険のサイン

- ●暴力の原因──「なぜ人は暴力を振るうようになるのか？」といった質問を投げかけて、グループディスカッションを行う。このディスカッションによって、様々な暴力の原因を明らかにしなければならない。それは、アルコール飲料、薬物の摂取から、サービスの不十分さに起因する怒りやフラストレーションまで多様であろう。

- ●グループメンバーの職場において最も暴力の原因といえそうな事柄を明確にること。

- ●危険のサイン──暴力を引き起こす兆候は、言語とノンバーバルの両方に見られることをグループに説明する（第15章参照）。言葉による脅しや示唆は、分かりやすい。しかしながら、それはノンバーバルなものに比べて、かなり少ないのが、一般的である。すなわち、ノンバーバルなサインを見極めることが重要である。

- ●グループにノンバーバルな危険のサインを明確にするように求める。これを最も効果的に行う方法は、短いロールプレイを行って、ボランティアに怒りやフラストレーションを演じてもらうやり方である。

- ●ロールプレイ（もしくはあなたが行い得る他の行動）を振り返り、危険のサイ

218

ンを示す行動をリストアップさせるか、あらかじめ用意したテキスト用のプリントを配る。

4　暴力に直面した時にどうするのか？

● 身体的暴力と非身体的暴力を区別し、昼食の後、非身体的な暴力に対処するうえで役立つ方法を学ぶ。
● 身体的暴力──身体的暴力に直面した時、以下の方法があることを説明する。
　　─逃げる
　　─抵抗する──あの手この手で闘う
　　─状況の緩和

　グループにどのように逃げ出すのか、反撃するのか、状況を緩和するのかを質問する。個々の段階ごとに、テキストを用いて（第16章参照）、適切な行動を説明し、どのような考え方が、事態をより悪化させるのかを理解させる。

● 身体的攻撃の状況を思い浮かべて、主要なポイントのリストをグループと共に考えて作成するか、若しくは準備したプリントを利用する。
● 護身術を用いたい人もいよう。それを習うこともそれを用いようとするのも、時と場合によることを忘れてはならない。

昼食休憩──1時間

5　三段階コントロール法

● 三段階コントロール法は、非身体的暴力に有効であることを紹介する。ただし、それをしなくても安全なら、あえてこれを行う必要はないこと、またこの三段階コントロール法は、常に適切で成功する方法ではないことをメンバーに理解させること。
● テキスト（やテキストを基にしたプリント）を用いて、鎮静化、リーチング、

219

コントロールの各段階を紹介していく。その目的と内容を説明し、質問に答え、ポイントについて議論する。

●グループに用意した資料を読んでもらい、ポイントを明確にする。

●メンバーの職場環境を反映したロールプレイを準備し、三段階コントロール法の各段階を実際に演じてもらう。

3つの役柄、すなわち、暴力を振るう人、対応する主人公と観察者で、この3つの段階を行うのが良い。それぞれのメンバー（A、B、C）は、この3つの役柄を順次、やってみる。図T3.1は、その状況を示すものである。

図T3.1　三段階コントロール法 ——3つの演習

	暴力を振るう人	主人公	観察者
1回目	A	B	C
2回目	C	A	B
3回目	B	C	A

3回行うことを明確にし、各約20分ずつ行うこと。観察者には、気づいたこと（行動の変化、うまくいったこととそうではなかったこと）を要約するよう依頼する。

●学習ポイントを拾い出しながら、演習を振り返る。グループは、この方法をどうとらえているか、うまくいった事、うまくいかなかった事は何か、グループは、この方法をどのように用い、また用いていこうとしているのか。

休憩——15分

6　行動プラン

●グループメンバーに学習したことをどのような行動プランとして実行するのかを質問する。例えば、

一人によって行動プランのどこに違いがあるのか？

　　―危険の気づきと暴力の可能性をもつ人への対応に、学習したことをどう生か

　　　しているのか？

　　―何をしないでおこうとしているか？

　●すべてのメンバーや希望するメンバーに、追加のトレーニングを行う。

7　まとめと評価

　●この1日、学んだことの主要ポイントを、口頭で、またはオーバーヘッド・プ

　　ロジェクター、フリップチャートやプリントに書き出してまとめる。

　●質問の形で、グループに以下のことを尋ねる。

　　―最も有益であったことと、最も有益でなかったこと

　　―うまくいったことと、うまくいかなかったこと

　　―最も楽しかったことと、最も楽しくなかったこと

　　―最も適切であったことと、最も適切でなかったこと

　　次に、

　　―仕事に生かそうとしていることと、使えそうにないこと

　　―個人生活で生かそうとしていることと、そんなにうまくいきそうにないこと

　　次に、

　　―さらに欲しいものと、いらないもの

　　―取り入れたいことと、排除したいこと

　●さらに関わりをもつ場合の今後の評価の説明

課題4
コミュニケーション・スキル

◎ 目　的
　暴力の状況を避けたり、対処するのに役立つであろうコミュニケーション・スキルを向上させる。

◎ 目　標
　プログラム終了時、学習者は、次のことができるようになろう。
- 効果的なコミュニケーションに役立つ、自己の気づきと、他者の気づきとはいかなるものかが分かる。
- 「ボディ・ランゲージ」（第15章参照）の意味することと、そのコミュニケーションの重要性を説明できる。
- アサーティブ（第17章）の意味を説明できる。
- アサーティブなコミュニケーションを実践できる。

◎ 時　間
　1日

◎ 対象グループ
　すべてのスタッフ、特に日常、市民、クライエント、カスタマーと職場の同

僚にかかわっている人たち

◎ **教　材**

オーバーヘッド・プロジェクター、フリップチャートとペン、資料とプリント（例えば、様々な行動の比較、「権利」リスト：第17章参照）

◎ **場　所**

演習のためにサブグループに分かれて活動できる広さの部屋、できれば、別室があったり、演習時には広げられる部屋

◎ **タイムスケジュール**

1　導入	30分
2　ノンバーバル・コミュニケーション	1時間30分
（休憩）	15分
3　アサーティブ――導入	1時間15分
（ランチタイム）	1時間
4　アサーティブ――実践	3時間15分
5　行動プラン	15分
6　まとめと評価	30分

◎ **コメント**

1　導　入

● 自己紹介

● 参加者が自己紹介するための短い演習を行う。

● 内容と学習の到達点を含んだ目的と目標を用いて、プログラムを説明する。

● 休憩時間、終了時間、場所等の「実施手順」を説明する。

● 困難な、また危険な状況になりそうな場面に対処する際、効果的なコミュニケーションが役立つこと、またコミュニケーションの内容ややり方に注意を払わ

なかった際のリスクをグループに理解させる。

2　ノンバーバル・コミュニケーション

- コミュニケーションにおいて、ノンバーバル・コミュニケーションや「ボディ・ランゲージ」の重要性と、なぜそれらが困難な状況や暴力の回避や対応にとって大切なのかを説明する

- われわれがもっている印象やステレオタイプの影響をメンバーと話し合う。メンバーに、それらのリスクと長所とは何かを例をあげて示すように求める。

- 第15章（服装、聞くこと）で示されているボディ・ランゲージの個々の要素ごとに、グループにその重要性と効果を理解させる方法を選ぶ。例えば、服装については、メンバーに写真を示して、その服装の人物について尋ねる。（ジェスチャーのように）ボランティアにある表情やポーズを依頼して、どう感じるかをメンバーに聞いてみる。声について、幾人かに様々な発声がどう聞こえるか尋ねてみる。聞くことについて、積極的な傾聴とただ聞くことの違いを示す。

- グループ全体に以下のリストを完成させるように求め、このセッションを締めくくる。

　　―採用したい肯定的なノンバーバル・コミュニケーション
　　―気を付けねばならない「危険」なノンバーバル・コミュニケーション

休憩――15分

3　アサーティブ――導入

- アサーティブ行動は、学ぶことができる「肯定的な」（positive）行動であり、それは、自己と他者の権利、気持ち、ニーズと意見を理解し、尊重することであることを説明する。それは、常に自分の好き勝手にするということではない。

- 第17章に示されている行動の種類（攻撃、受け身、操作、アサーティブ）ごとに、以下のことをグループに理解させる。

　　―それぞれの行動の特徴

—それぞれの行動の他者への影響

　グループ全体に、まずその特徴と影響を尋ね、次いでそれに付け加える。4つのサブグループに分けて、各グループが4つの行動のひとつを取り上げ、その特徴と影響を明らかにし、全体グループにその結果を報告する。そうすることによって、各メンバーは、自分の選んだ行動にその報告を付け加えることができよう。また、サブグループごとにすべて4つの行動を考察し、その結果を比較することができよう。

●コミュニケーションの効果的で肯定的な方法であるアサーティブ行動を特徴づける主要ポイントをまとめる。

ランチ・タイム——1時間

4　アサーティブ——実践

●個人の権利と、他者もわれわれと同じ権利をもっていることを思い起こす重要性を説明する。さらに、われわれの権利も他者の権利も共に大切な理由を説明する（第17章参照）。

●リクエストからフィードバックまで（第17章参照）のコミュニケーションの個々の領域やそのグループに最も関係のあることを対象に、それぞれの領域でどのようにアサーティブなコミュニケーションを行うのかを説明する。またグループにどのようなアサーティブな方法を取るのかを質問し、それについてグループで話し合うようにする。

●アサーティブなコミュニケーションを行うために、グループにロールプレイのアウトラインを示したり、実際の職場状況下でのコミュニケーション場面の例をメンバーに尋ねる。

●いったんグループが実践の機会をもったのなら、彼らと共に何が難しかったのか、また容易であったのかを振り返る。そして、忘れてはならないアサーティブ・コミュニケーションの主要なポイントを明確にする。

5　行動プラン

　個々のグループメンバーに、それぞれの行動プランの作成を求める。そのアウトラインは、次の学習内容に基づいている。

● ノンバーバル・コミュニケーション

● アサーティブ・コミュニケーション

　各メンバーは、そのプランを他のメンバーやサブグループに説明する。それは、自己のプランの明確化と発展に役立つであろう。

6　まとめと評価

● 口頭や用意したプリントで、1日を振り返り学んだ重要なことをまとめる。また時間が許す場合、グループに指摘された事項のリスト作りに協力してもらう。

● 定式化された用紙や演習形式を用いて、評価を行う。それによって、以下の事項について、グループがどのように理解しているかが分かるであろう。

　 ―最も大切な価値

　 ―職場で最も役立つこと

　 ―続けていくべきことと、捨て去るべきこと

　 ―最も興味があり楽しいことと、最もそうではないこと

　 ―うまくいったことと、うまくいかなかったこと

　 ―最も難しいことと、最も難しくないこと

　今後の評価と評価後のフォローアップについて説明する。

課題5
政策と手続きの発展

◎ 目　的

　暴力から被雇用者を守るための政策と手続きを発展させるために、マネージャー（と他の関係者）を励まし、支援すること。

◎ 目　標

　プログラム終了時、学習者は、以下のことができるようになるだろう。

- 職場の暴力について定義案を作成する。
- 職場の暴力に対する安全対策について、雇用者の義務を明確にする。
- 組織内のリスクのある領域を明確にする。
- 職場の暴力に関する政策の要素を描き出す。
- 組織の政策案を作成する。
- 政策を実施するために必要な手続きを発展させる。

◎ 時　間

　2日

◎ 対象グループ

　政策決定者、マネージャーや他の暴力に関する政策作成に関わる関係者。例

えば、人事スタッフ、保健安全スタッフ、保健安全委員会の管理職と被雇用者
の代表。

◎ **教　材**

　フリップチャート、オーバーヘッド・プロジェクター。プリントやあらかじ
め用意した教材。

◎ **場　所**

　メンバーが快適に過ごせる広さの部屋。サブグループに分かれられる広さが
あるか、別室があること。マネージャーや政策決定者が参加する場合、中断さ
れないように職場から離れた場所が良いであろう。

◎ **タイムスケジュール**

　（1日目）

1　導入	1時間
2　職場暴力の定義	1時間
（休憩）	30分
3　雇用者の義務	1時間30分
（ランチタイム）	1時間
4　職場のリスクの明確化	2時間
（休憩）	15分
5　まとめと今後の予定	45分

　（二日目）

1　導入	15分
2　政策の作成時間	3時間30分（30分の休憩を含む）
（ランチタイム）	1時間
3　手続きの作成	1時間30分
（休憩）	15分

　　4　行動プラン　　　　　　　　　　　　　　　45分

　　5　まとめと評価　　　　　　　　　　　　　　45分

◎コメント

（1日目）

1　導　入

- ●自己紹介

- ●参加者に自己紹介を求める。同じ職場同士で互いの名前や役割を既に知っている場合もあろうが、より深く知り合い、一致してトレーニングを開始できるようにこの機会を活用する。

- ●開始時間、終了時間、休憩や場所、設備といった「実施手順」を説明する。

- ●目標と得られる成果を用いて、プログラムの目的、内容と学習成果について説明する。その際、組織にとって実践的な成果を得られることを強調する。

- ●職場の暴力が問題であり、その件数が増大しているという数多くの証拠を示すために、本書から主要な研究結果や情報（第1章～第3章）を選ぶ。

2　職場暴力の定義

- ●暴力の作業定義をグループに示し、その目的となぜそれが重要なのかを説明する（第4章）。

- ●次のように、グループの定義（組織の定義案）を発展させる。

　　―サブグループに定義を定める課題を出し、グループ全体で各サブグループの定義を比較検討し、グループ全体の定義を作成する。そして、本書の定義とそれを比較し、もし必要ならその定義を修正する。若しくは、

　　―作業的定義の例を提示し、それらを議論し、グループ全体で自分たちのニーズや組織のニーズを満たす定義に向けて作業する。

休憩――15分

3　雇用者の義務

- グループ（若しくはサブグループ）に次の質問をする（第5章参照）。

　―暴力からスタッフを守ることについて、雇用者はどのような義務をもつか？

　―その義務を満たし得ない場合、どのようなコストをもたらすか？

　　　グループ全体の答えを記録するか、若しくはサブグループの答えを各グループに記録させる。サブグループでやる場合、各グループが、その答えをグループ全体に伝えるように依頼する。

- 本書に基づくオーバーヘッド・プロジェクターのスライド、フリップチャートやプリントを用いて、グループの答えと本書の内容とを比較すること（第5章参照）。

　―どの程度、本書の内容と同じであったか？

　―雇用者として自分たちに課された義務をどの程度、理解しているか？

　―雇用者として、また個人として、その義務に反するような行為をしていることに気付いているか？

　―スタッフへの暴力問題に対処しなかった場合、個人と組織へのコストはどうなるのか、明らかにしているか？

　　　グループにその義務を果たしているかいないか、どう思うかを聞く。

ランチタイム――1時間

4　職場のリスクの明確化

- ランチ前、どの程度、雇用者としての義務を満たしているのかいないのかについて、グループがどう感じていたのかを思い出させる。

　―体系的できちんとした調査を行っていないのに、なぜ彼らはそう思うのか？

　――般に被雇用者も、その考えに同意しているのであろうか？

- 保健安全委員会の分類（第6章参照）を用いて、リスクに関係する行動類型を説明する。

　―組織のどれくらいの行動が、その分類に該当しているのか？

―その組織は、上記以外でリスクに関わるかもしれないどのような行動を取っているか？

● 調査すべき箇所

―リスク調査の方法として、監査の手法を説明する（第6章参照）。

―ある組織に関して調査に価する領域を数か所選ぶ。そして、メンバーに彼らが調査してほしいと思う領域に対する疑問や懸念を尋ねる。

その疑問や懸念を話し合う。その際、本書に照らし合わせて、彼らの調査リストに付け加えたり、変更を行う。

● どのように調査するのか？ 本書に基づき、質問項目について話し合う。

―どのような情報を収集したいのか？

―どこからその情報を収集するのか？

―どれほどの情報を収集するのか？

―誰がその情報収集を行うのか？

個々の方法の詳細に入る前に、上記の項目を精査することが重要である。

● 本書で述べられている情報収集の方法（第6章参照）それぞれについて、以下の事項を確認すること。

―もし必要があれば、その方法を短くまとめてみる。

―必要とする情報とともに、その方法の長所と短所について見解を尋ねる。

―最善の方法はどれと思うかを尋ね、その理由を聞く。

―その組織や組織の一部に有益だと思われる他の方法があるのか尋ねる。

休憩――15分

5　まとめと今後の予定

● 当日のセッションで学んだ主要ポイントをまとめる。

● 翌日のスケジュールのアウトラインを知らせる。その際、当日からの学びが、政策と手続きの発展にどのように関わっているのかを説明すること。

（2日目）

1　導　入

　当日のプログラムを紹介する。その際、午前中の活動の目的は、組織のための政策を作成することであり、午後は政策を支えるのに必要な手続きのアウトラインの作成を行う旨を説明する。両方の作業とも、1日目の学習に基づいて行われる。

2　政策の作成

　長時間のセッションなので、それが必要と感じたら、30分の休憩を取る方が良いであろう。

- ●政策が意味することと、政策の目的は何なのかを明確にしなければならない。
- ●本書の標題（第7章参照）を用いて、政策が対象とすべき領域を明確化し、個々の領域がカバーしている事柄を簡潔にまとめる。これらの領域は、その組織にとって必要かもしれないし、またそうではないかもしれない。従って、修正が必要である場合や、それに付け加える場合もあろう。その政策が取り扱う領域にグループとして合意しなければならない。
- ●グループ全体が、すべての政策を作成しようと試みてもそれはとても難しいことであろう。それよりも効果的な方法は、3～4つのサブグループを立ち上げて、各グループが個々の領域ごとの最初の案を作成するようにする。
- ●サブグループが、各領域の案を作成し終わったら、全体グループに戻る。全体グループ内で、サブグループは、それぞれの領域の政策案を順次、発表し、話し合う。そこでは、最終の合意ができるまで、修正や追加が行われるであろう。
- ●そうして、サブグループは、担当の政策領域の最終案を書き上げる。
- ●最終案を組織に上げていく過程について、話し合い、合意する。例えば、

　　―誰が、最終案をタイプし、コピーし、回覧に廻すのか？

　　―誰にその最終案を見せるのか？

　　―どのような事柄をコンサルタントに相談すべきか？

　　―タイムスケジュールは、どうするのか？

　　―誰が、今後の政策の発展をチェックするのか？

ランチ・タイム——1時間

3　展開手続き

- 1日目、グループは、職場のリスクを明確化し、今や政策案をもつに至った。次のステップは、政策を実践するための手続きを考え、グループが明確にした暴力のリスクに取り組むことである。その手続きをより精緻なものにするためには、（調査による）さらなる情報が必要であろう。そうして、グループは必要とされる手続きをより良いものに発展させていく。

- 必要とされそうな手続きの例を用いて、その組織が手続きに何を求めると思うか、グループに尋ねる。

  ―新たに手続きを作成したい。

  ―既存の手続きを改正したい。

  ―現行の手続きをやめたい。

  以上の反応を記録する。

- 上記の反応をリスト化することによって、グループはニーズの優先順位を付けやすくなろう。例えば、

  ―緊急の注意を要する最大のリスク領域

  ―明白なリスクに対して、直ちに取り組まねばならない行動

  ―抵抗がないであろうことに対する費用効率の良い行動

  ―何らかの理由によって抵抗に遭遇する恐れのある改革や、他者に相談する必要のある理由や他者からの説得による改革

  ―さらなる調査がないと行動を起こすことができない領域

- グループとどの程度、彼らの提案が利用されるのかについて議論し、同意する。

  ―誰が案を書き上げて、提案するのか？

  ―誰に見せるのか？

  ―グループは、その案を見守るべきか？

  ―グループは、その後の政策の発展に付き合うべきか？

休憩——15分

4　行動プラン

- メンバーは各自、行動プランを作成すること。

　—グループがこのプログラムにさらに追加して行うことに同意した行動

　—自己や他者への暴力のリスクを最小にするという役割を担う彼らが、直ちに
　　取るべき行動

　—政策と手続きの発展をさらに支援するために取るべき行動

　—職場暴力に立ち向かう知識とスキルをさらに発展させるために取るべき行動

　—それらの行動を行うためのタイムスケジュール

　—彼らが必要とする支援や援助

- ペアや3人の、また少人数のサブグループで、各人が順番に行動プランを説明
  する。それを他の人がアドバイスする。例えば、そのプランに付け加える、ポ
  イントを明確にする、支援を提供する、その後、共にその進展をレビューする
  ことに合意する。

5　まとめと評価

- グループと共に（若しくはグループのために）、口頭やプリントでプログラムの
  様々なセッションからの主要な学びをまとめる。

- 評価表や集団討議を用いて、以下のような観点からプログラムの評価を行う。

　—内容：ふさわしい、実際的、深い、多彩

　—形式：参加型／講義型、行動型／非行動型

　—時間：プログラムの時間、セッションの時間、休憩の長さとタイミング

　—教材：量、質、範囲

　—トレーナー：アプローチ法、テーマへの習熟度、プレゼンテーション

　—場所：設備、快適性、アクセス、飲み物等

課題6

安全への実践的ステップ

このプログラムは、直面するリスクによって特別のニーズを有する特定の集団のために作成されたものである。例えば、受付スタッフ、出張スタッフ、他者の家庭や建物で職務を行うスタッフ、現金を扱うスタッフ等である。プログラムの第1部は、共通の事項であり、第2部は、トレーニング対象グループごとに多彩である。

◎ 目 的

安全を保つため必要な実践的知識を参加者に提供すること。

◎ 目 標

プログラム終了後、学習者は以下のことができるようになるだろう。

● 職務上のリスク領域を明らかにする。

● 職務上の安全を保つための実践的ステップを理解する。

● 以下のような取るべき行動プランを作成する。

　―働き方を変更する。

　―安全確保のために手続きを変更する。

　―必要とする支援、援助と資源を得る。

◎ 時　間

1日

◎ 教　材

オーバーヘッド・プロジェクター、フリップチャート、用意したプリント

◎ 場　所

サブグループ活動ができる広さの部屋か、別室

◎ タイムスケジュール

1　導入		30分
2　職場の暴力とその影響		30分
3　暴力のリスク		1時間
（休憩）		15分
4　実践セッション1		1時間30分
（ランチタイム）		1時間
5　実践セッション2		2時間
6　行動プラン		30分
7　まとめと評価		30分

◎ コメント

1　導　入

- 自己紹介
- 名前ゲームやアイスブレイクを用いて、参加者に自己紹介を依頼する。
- プログラムの目的と目標を用いて、プログラムの内容と得られる成果を説明する。

2　職場暴力とその影響

- グループにどのような行動が職場暴力と思うか、経験から例をあげて説明する

よう質問する。

●本書（第4章参照）から職場暴力の作業的定義を示し、それを話し合う。例えば、

―その定義に同意するかしないか？

―グループが想定していたものよりもその定義は広義か？

―グループが想定している暴力行為の範囲とその影響をその定義はカバーしているか？

3　暴力のリスク

●本書で示されている調査（第2章、第3章参照）を用いて、職場の暴力がますます問題として認識されてきている例を取り上げる。そのような調査結果に同意するかしないかについてグループと話し合う。またなぜ暴力が増加傾向にあるのかその原因についてどう思うか尋ねる。

●本書の数字（第2章参照）を用いて、犯罪のリスクを説明する。その統計は、想定内か、それとも想定と大きく違っているのかをグループに尋ねる。犯罪のリスクについてどう思うかを尋ねる。もし、そのリスクがある場合、それはなぜなのかを尋ねる。

（休憩――15分）

4と5　実践セッション1と2

これらのセッションは、特定のグループのニーズに対応するものであり、それぞれのグループの活動領域と課題に適した教材を用いる（セッションの合間にランチタイム）。

●グループと彼らが行っている活動と課題について、それを行うやり方について、話し合い、その仕事のうえで彼らが直面するリスクを明らかにする。

●職務をもっと安全に行うにはどのようにすればよいのか、またそれを可能とするためには、グループはどのような支援、設備や資源等を必要としているのか

を彼らに尋ねる。

● グループが明らかにした活動領域と課題に沿って、サブ・グループを立ち上げ、それぞれのグループに、その活動や課題に応じた実践ガイドラインを作成するよう依頼する。

● 良き実践ガイドラインをグループ全体に紹介し、メンバーがその考えや観察に貢献するために、ガイドラインに追加したり、修正を加える。

（休憩――15分）

6　行動プラン

● 各人は、下記のことを行動プランにおいて明らかにすること。

―リスクを最小限にするために各人が行わなければならない課題や行動

―自己の仕事を安全に行うために必要な支援、援助や設備等

―職場暴力のリスクを最小限にするために、手続きや実践の改善を行うにはどうすればよいか。

―必要とするさらなる情報、アドバイスやトレーニング。必要とするものを手に入れるためにはどうすればよいか。

　グループメンバーにタイムスケジュールを作ることと、グループ内でその行動プランの実現を支援してくれる人や合意点に照らして実践の進み具合を評価してくれる人を見つけるよう求める。

7　まとめと評価

● グループで、その日の個々のセッションで学んだ主要ポイントをまとめる。若しくは、グループやサブグループで、セッションのまとめを話し合い、それをグループ全体に反映させる。

● 次のような質問をしてプログラムを評価する。

―プログラムをどれくらい妥当と感じているか？

―プログラムは、実践に耐え得るものか否か？

　―さらに好ましいこととは何か？

　―何を維持し、何を改革すべきか？

●将来、どのような評価が行われるのかグループに説明すること。

付録

秘密文書扱い
暴力事件報告書

スタッフへの実際の暴力や暴力の脅しに関わる報告のために使用すること。

第1部　被雇用者用報告書式

1　被雇用者

氏　　名 _____

職　　名 _____

雇用場所 _____

民族（機関が日常使用している分類）_____

2　事件の詳細

事件がいつ起きたのか？

_____日_____時（勤務中、勤務外）

事件が起きた場所

何が起き、どれくらい継続したのか？（必要があれば、別紙）

氏名、職名、目撃者の住所

3　攻撃者

氏名（もし分かっている場合）＿＿＿＿＿＿＿＿＿＿＿＿＿＿＿＿＿＿＿

住所（もし分かっている場合）＿＿＿＿＿＿＿＿＿＿＿＿＿＿＿＿＿＿＿

年　　齢　＿＿＿＿＿＿＿＿＿＿＿＿＿＿＿＿＿＿＿＿＿＿＿＿＿＿＿＿

民　　族　＿＿＿＿＿＿＿＿＿＿＿＿＿＿＿＿＿＿＿＿＿＿＿＿＿＿＿＿

他の関連情報：＿＿＿＿＿＿＿＿＿＿＿＿＿＿＿＿＿＿＿＿＿＿＿＿＿＿

4　攻撃の種類

言葉の脅し　　　　　　　　　　ひどい言葉での攻撃

脅しのポーズ　　　　　　　　　文書での脅し

武器を持った脅し　　　　　　　身体的暴力

その他：

5　傷害の種類と程度

身体的：

心理的：

治療、処置（もし受けた場合）：

個人財産への侵害行為（もしある場合）：

6　直後の行動

事件を以下に報告：

警察　　　　　　　　　　　　　イエス　ノー

ライン・マネージャー　　　　　　イエス　ノー

いつ事件を報告したのか？

取った行動

7　雇用者のコメント

事件の原因

再発防止策

その他のコメント：

署名_____　職名_____　日付_____

第2部　ライン・マネージャー用報告書式

私は、〜からの報告書を読み、次のような行動を取った。

私は、以下のような行動をさらに取る必要があると思う。

後遺症の詳細（もしある場合）

その他のコメント

署名＿＿＿＿＿＿＿＿　職名＿＿＿＿＿＿＿　日付＿＿＿＿＿＿＿＿

ライン・マネージャーは、第1部と第2部のコピーを人事部へ送付すること。

主要参考文献・資料

Books and booklets

Argyle, Michael (1988), *Bodily Communication*, London: Routledge.

Arroba, T. and James, K. (1987), *Pressure at Work: A Survival Guide*, London: McGraw-Hill.

Ashworth, Henry (1981), *Assertiveness at Work*, New York: McGraw-Hill.

Birmingham City Council Women's Unit (1989), *Facing Aggression at Work*, Birmingham City Council.

Breakwell, G. (1989), *Facing Physical Violence*, London: BPS Books/Routledge.

British Association of Social Workers (1988), *Violence to Social Workers*, Birmingham: BASW.

Collins, David J., Tank, Manju and Basith, Abdul (1993), *Customs of Minority Ethnic Religions*, Aldershot: Arena.

Davies, Jessica (1990), *Protect Yourself*, London: Judy Piatkus.

Department of Health (1991), *The Children Act 1989 - Guidance and Regulations*, Vol. 4, Residential Care, London: HMSO.

Dickson, Anne (1986), *A Woman in Your Own Right: Assertiveness and You*, London: Quartet Books.

Egan, G. (1990), *The Skilled Helper*, London: Brooks/Cole.

Hanmer, J. and Saunders, S. (1984), *Well-founded Fear - A Community Study of Violence to Women*, London: Hutchinson.

Health and Safety Executive (1975), *Health and Safety at Work etc. Act, The Act Outlined*, London: HSE.

Health and Safety Executive (1988), *Preventing Violence to Staff*, London: HMSO.

Health and Safety Executive (1990), *A Guide to The Health and Safety at Work etc. Act 1974* (4th edn) , London: HMSO.

Lamplugh, Diana (1988), Beating Aggression - A Practical Guide for Working Women, London: Weidenfeld and Nicolson.

Lamplugh, Diana (1991), *Without Fear - The Key to Staying Safe*, London: Weidenfeld and Nicolson.

Library Association (1987), *Violence in Libraries*, London: Library Association.

Phillips, CM. and Stockdale, J.E. (1991), *Violence at Work - Issues, Policies and Procedures*, Luton: Local Government Management Board.

Suzy Lamplugh Trust (1989), *Reducing the Risk - Action Against Violence at Work*, London: Suzy Lamplugh Trust.

Articles

Adcock, J. (1988), 'Prevention of violence to staff', *Local Government Employment*, October.

Braithwaite, R. (1988),'Coming to Terms with the Effects of Violence', *Social Work Today*, 20 October.

Braithwaite, R. (1992), 'Running Away is OK', *Social Work Today*, 23 April.

Brindle, D. (1988), 'Violence against social workers', *Local Government Employment*, June.

Brockington, R. (1989), 'Violence to staff', *Local Government Employment*, August.

Cook, M. (1989), 'A rod for their own backs', *Education*, September.

Copelend, L. (1987), 'Travelling abroad safely: some tips to give employees', *Personnel*, February.

Crate, R. (1986), 'Social Workers and Violent Clients: Management Response', *Social Work Today*, 10 November.

Eaton, L. (1986), 'Lessons on tackling aggression', *Social Work Today*, December.

Eccles, K. and Tuff, N. (1987), 'Defence of the realm', *Insight*, December.

Francis, W. (1986), 'What the organisations say', *Community Care*, December.

George, M. (1993), 'Insults and Injury', *Community Care*, 13 May.

Groombridge, B. (1989), 'Risky Work', *Education*, May.

Hall, L. (1989), 'Attacking aggression', *Personnel Today*, May.

Hill, C. (1989), 'Protecting employees from attack', *Personnel Management*, February.

HSIB (1988), 'Preventing violence to staff', *Health and Safety Information Bulletin*, No. 154, October.

Industrial Society Information Service (1989), 'Employers liable for violence to staff', *Industrial Society Magazine*, March.

Jervis, M. (1989), 'Wading in at the deep end with a verbal hug', *Social Work Today*, August.

Kelly, B. (1989), 'A case of wolves in sheep's clothing', *Local Government Chronicle*, April.

King, J. (1989), 'How do you Handle Violence?', *Community Care*, 23 March.

Lloyd, T. (1989), 'The problem with men', *Social Work Today*, September.

Painter, K. (1987), 'It's part of the job', *Employee Relations*, Vol. 9, No. 5.

Passmore, J. (1989), 'Violent clients - service or safety?', *Housing Planning Review*, Vol. 44, No. 2, April/May.

Protheroe, C. (1987), 'How Social Workers can cope with being Victims', *Social Work Today*, 21 September.

Pugh, R. (1988), 'How to build a system for managing violence', *Social Work Today*, September.

Roberts, M. and Hopkins, J. (1986), 'Confronting violence', *Health Service journal*, June.

Savery, L. and Gledhill, A. (1988), 'Sexual harassment of women in industry and commerce by co-workers: some Australian evidence', *Personnel Review*, Vol. 17, No. 8.

Segal, L. (1989), 'The beast in man', *New Statesman and Society*, September.

Thomas, C. (1987), 'Staff security in housing offices', *Going Local*, No. 7, March, Bristol: SAUS (School for Advanced Urban Studies) , Bristol University.

Tonkin, B. (1986), 'Quantifying risk factors', *Community Care*, November.

Whitehead, M. (1988), 'A violent war on the front line', *Local Government Employment*, February.

Williams, B. (1988), 'Violence and Risk at Work', *Probation Journal*, Vol. 34, No. 4, December.

Williams, B. and Howe, A. (1988), 'Violence to staff - another possible answer', *Local Government Employment*, February.

Wills, J. (1987), 'Realising the risks', *Local Government Chronicle*, November.

Reports and papers

Health and Safety Executive, Health Service Advisory Committee (1987), *Violence to Staff in the Health Services*, London: HMSO.

Home Office (1989), *Safer Cities - Progress Report 1989-1990*, London: Home Office Safer Cities Unit.

Home Office Standing Committee for Violence (1984), *Report of the Working Group - Fear of Crime in England and Wales*, London: Home Office Public Relations Branch.

Training resources

Brook Street (1987), *Smart Moves*, St Albans: Brook Street.

Cardy, C. and Lamplugh, D. (1992), *Training for Personal Safety in the Workplace*, Connaught Training.

Channel 4 Television (1988), *Assert yourself*, Guild Training.

Leeds Animation Workshop (1983), *Give us a smile*, Leeds Animation Workshop.

Local Government Management Board (1987), *Dealing effectively with aggressive and violent customers*, Luton: Local Government Management Board.

Local Government Management Board (1987), *On the front line*, Luton: Local Government Management Board.

McGraw-Hill (1982), *Communicating non-defensively - don't take it personally*, McGraw-Hill Films.

Social Services Inspectorate (1989), *Violence to staff*, CFL Vision.

Suzy Lamplugh Trust (1989), *Avoiding Danger*, Creative Vision.

Suzy Lamplugh Trust (1989), *You Can Cope - lifeskills training pack*, Gower Publications.

Wiener, R. and Crosby, I. (1986), *Handling violence and aggression*, London: National Council for Voluntary Child Care Organisations.

関係機関

Birmingham City Council Women's Unit
Congreve House, Congreve Passage, Birmingham, B3 3DA
Tel: 021 235 2715

British Association for Counselling
1 Regent Place, Rugby, CV21 2PJ
Tel: 0788 578328

British Association of Social Workers
16 Kent Street, Birmingham, B5 6RD
Tel: 021 622 3911

Commission for Racial Equality
Elliot House, Allington Street, London, SW1E 5EH
Tel: 071 828 7022

Criminal Injuries Compensation Scheme
Whittington House, 19-30 Alfred Place, London, WC1E 7LG
Tel: 071 355 6800

Equal Opportunities Commission
Overseas House, Quay Street, Manchester, M3 3HN
Tel: London - 071 287 3953; Head Office, Manchester - 061 833 9244

Health and Safety Executive
Baynards House, 1 Chepstow Place, Westbourne Grove, London, W2 4TF
Tel: 071 221 9178

Home Office
50 Queen Anne's Gate, London, SW1H 9AT
Safer Cities Unit - Room 583a; Public Relations Branch - Room 133

Industrial Society
48 Bryanston Square, London, W1A 1BQ
Tel: 071 262 2401

London Rape Crisis Centre
PO Box 69, London, WC1X
Tel: 24-hour helpline - 071 837 1600; Information - 071 278 3959

Suzy Lamplugh Trust
14 East Sheen Avenue, London, SW14 8AS
Tel: 081 392 1839

Victim Support
Cranmer House, 39 Brixton Road, Stockwell, London, SW9 5DZ
Tel: 071 735 9166

監訳者あとがき

　本書は、英国の福祉現場の専門援助者であるソーシャルワーカーが職場で日常経験するクライエントからの暴言や脅迫等のハラスメントや暴力に対して、組織とワーカーがどのように対処し、予防するかという趣旨のもと、現場サイドの組織的取り組みとワーカーの対処・トレーニン方法を詳細に述べたものである。

　英国では、1970年代後半から80年代にかけて、顧客（カスタマー）、クライエントから店員、医師、看護師や教師、ソーシャルワーカー等の対人サービスにかかわる従事者に対するハラスメントや暴力行為が社会問題化した。その背景には、英国経済の疲弊、低成長に伴う失業者や貧困層の増大や福祉サービスの削減、家庭やコミュニテイの変化に伴う望まない孤独化、また反人種差別、子どもの人権、ジェンダー問題やハラスメントの告発といったあらゆる階層や分野における平等、人権意識の向上とそれを支援する法整備等があげられよう。この問題に関する社会、政治、経済的な背景の解明は重要ではあるが、本書ではそれよりも現場で実際にワーカーが直面する様々なハラスメントや暴力の現場に即した具体的な対処法が主要テーマとなっており、そこに本書の特徴がある。

　すなわち、第Ⅰ部では、職務として働く現場従事者の身の安全を守ることは、雇用者と従業者の責任であり、そのための組織体制の作り方が具体的に述べられている。英国でのいわゆる「カスタマーハラスメント」の各種調査の結果、ハラスメントと暴力の定義、この問題に対する英国政府の対応、特に労働衛生法等のあり方と暴力対応規則・指針が解説されている。さらに、入所施設やデイサービス等の様々な福祉現場でワーカーが直面するリスクが具体的に述べられ、最後に被害を被ったワーカーに対するアフターケアのあり方が示されてい

る。第Ⅱ部では、様々な対人サービスの現場におけるハラスメントと暴力への応用可能な対応スキルが、詳細に解説されている。すなわち、面接法、ノンバーバル・コミュニケーション、暴力への対応方法、アサーティブの使い方等である。第Ⅲ部では、顧客、クライエントや一般市民との対応において、安心して仕事ができるための組織の配慮、スキルやテクニックを身に付けるトレーニング方法が分かりやすく述べられている。これには、ワーカーに対するものだけではなく、現場マネージャー（管理職）と組織対応作りを担う管理者に対するトレーニングも含まれている。

　このように本書は、英国の法整備の解説、組織レベルでの職場暴力への対応体制の作り方からワーカーの対応スキル、そしてそのためのトレーニング法と、体系的に分かりやすくこの問題への対策方法が述べられている。というのも、本書の著者であるPauline Bibbyは、社会サービス、保健とボランタリー組織の現場でコンサルタントとトレーニングを行う専門家であり、学術的な水準を保ちながらもその記述は非常に簡潔平明で分かりやすいものとなっている。すなわち、現場ですぐに役立つ内容である。

　読者の中には、本書の英国での出版が1994年とかなり古いものであることをいぶかしむ向きもあるかもしれない。確かに例えば、出張時の連絡方法など携帯電話が普及した現代には不向きな内容になっている点も幾つか見られる。しかし、あえて本書を訳出した理由は、3つある。

　ひとつは、近年、我が国においても、運輸、飲食等、顧客と接する仕事をする人たちへのいわゆるカスタマーハラスメントだけでなく、看護職等の医療関係者や介護・福祉関係の従事者、教師、さらには一般市民に対応する現場の公務員等、対人業務に携わる人への顧客、クライエントや市民からの行き過ぎた苦情や注意、すなわちハラスメントや暴力が増加傾向にあることがあげられる。例えば、全日本自治体団体労働組合の2020年の職員1万4,000名の調査によると、市民からハラスメント的行為を「日常的に受けている」と「時々受けている」は46％、「自分は受けていないが職場で受けている人がいる」は30％で、その内容は、「暴言や説教」が59.8％、「長時間のクレームや居座り」が

52.8％、「大声、罵声、脅迫や土下座の強要」が52.8％である（ITMediaビジネスOnline、2022年9月17日の記事）。また、介護関係では、職員に「これまで利用者から」ハラスメントを受けた経験の有無を調査したところ、有ると答えた割合は、「介護老人福祉施設」では、70.1％、「認知対応型通所介護」では64.3％、「特定施設入所者生活介護」では60.3で、最も少ない「訪問リハビリテーション」でも38.8％あった（「介護現場におけるハラスメントに関する調査研究報告書」、平成30年度厚生労働省老人保健事業推進費等補助金）。このほかにも以前から日本看護協会や最近では民間の労働組合関係等による調査が、相次いで報告されるようになり、厚生労働省も実務者レベルでの法整備や対応指針作りに乗り出しつつあるところである。このような我が国の現状に照らして、30年近く前から労働関係法制度の改正整備と現場職員と雇用者（組織）の実践的な取り組みと対応スキルの向上に努めてきた英国の経験は、わが国のこの問題に対する組織体制づくりに非常に参考になると思われる。

　2番目として、著者の職業から見ても分かる通り、本書の著者は、研究者や行政・立法関係者ではなく、現場のトレーナーの著作であり、抽象的な話ではなく非常に分かり易い実用向きの内容となっている点があげられる。すなわち、具体的なハラスメント行為や暴力行為に対して、ワーカーはどのような対処行動を具体的にどう取るのかが示されている。この相手の「行動」とワーカーの「行動」に着目する点が重要である。相手と周りの状況の素早い判断と、自分の身を守る行動を瞬時に行わねばならない。そのためには、判断と行動の一体的トレーニングが不可欠であり、それを何回も定期的に行う必要がある。そうしないとそのような瞬時の判断と行動は、とっさの対応行動として「身に付かない」であろう。この点、第Ⅲ部において示されている実用的なトレーニング方法は、我が国の現場でもすぐに応用・活用ができる内容となっている。

　第3は、本書が福祉現場だけでなく、営業現場、公務現場等の幅広く他の対人サービス職種にも応用が利く点である。確かに、本書は最初に紹介した通りもともと福祉現場のソーシャルワーカーのためのものではあるが、その内容、特に対処スキルとトレーニング法は、他の職種にも十分応用可能である。それ

は、本書の著者も認めているところであり、トレーニング受講の対象者を、「カスタマー」、「クライエント」と「一般市民」を対象とする現場スタッフや管理者としている。つまり、福祉サービスだけでなく、保健サービス（医療・看護、パラメディカル）や教育サービスの受給者、民間の営利企業の対人サービス、さらには公的サービスを受ける人からのハラスメントや暴力に対処し、予防することも幅広く目指されていると考えられる。

　法律や制度、組織のあり方は、国や社会によって様々であろうが、人間を対象とし、その行動に着目する対人スキルとそのトレーニング法は、職種の違いに関わらず共通性と応用性が高いように思われる。経験科学を重視する英国の著作である本書は、様々な対人サービスの職場で日頃苦慮しながら働いている人々に益するところ大と思う。

　最後に、本書の紹介に戻って、本書は英国の The Suzy Lamplugh 信託団体の資金と委託を受けて書かれたものである。本信託団体は、調査、教育とトレーニングを通じて、人々が安心、安全に人生を歩み、働けるよう支援するために設立された全国的なチャリティ団体である（原書の売り上げは、同団体の活動費用に充てられる）。緒言に述べられているように、Suzy Lamplugh は、残念ながらクライエントの暴力に斃れたが、本書は、暴力を振るうクライエントを一方的に断罪したり、差別するのではなく、共に生きようとした彼女の思いがこもった著作であると訳しつつ感じたという訳者の感想をもって、あとがきに代えたい。

　訳出に際しては、訳者と監訳者が同時に訳出し、それを照らし合わせて監訳者が調整した。そのため、翻訳の最終的責任は、監訳者にある。

　また、明石書店の安田伸氏には、その懇切丁寧な編集によって大いに助けられた。ここに感謝申し上げる。

清水　隆則

◎ 著者紹介

ポーリン・ビビー　Pauline Bibby

社会サービス、保健とボランタリー組織の現場でコンサルタントとトレーニングを行う専門家。

◎ 監訳者紹介

清水 隆則（しみず・たかのり）

[緒言、はじめに、第11章、第12章、第16章、第17章、第18章、第Ⅲ部]

大阪大学人間科学部卒業。大阪市役所福祉事務所ケースワーカー、保健所職員を歴任。吉備国際大学社会福祉学部社会福祉学科助教授、龍谷大学社会学部現代福祉学科教授を経て、現在、龍谷大学名誉教授。その間、英国サウザンプトン大学ソーシャルワーク学科客員研究員、ロンドン大学バーベック児童家庭社会問題研究所客員研究員を歴任。

著書・訳書：『ソーシャルワーカー論研究―人間学的考察学』（単著、川島書店、2012年）、『援助を求めないクライエントへの対応―虐待・DV・非行に走る人の心を開く』（監訳、明石書店、2007年）、『英国の貧困児童家庭の福祉政策―"Sure Start"の実践と評価』（監訳、明石書店、2013年）、『コミュニティ・プロファイリング―地域のニーズと資源を描く技法』（監訳、川島書店、2018年）など。

◎ 訳者紹介

安田 誠人　[第1章]

大谷大学教育学部教授

竹澤 尚美　[第2章]

認定こども園ひばり園長

栗田 修司　[第3章、第4章、第5章]

龍谷大学社会学部現代福祉学科教授

藏野 ともみ　[第6章]

大妻女子大学人間関係学部人間福祉学科教授

岡松 秀幸　[第7章、第8章]

元たちばな学園理学・作業名古屋専門学校専任教員

樽井 康彦　[第9章、第10章]

龍谷大学社会学部現代福祉学科准教授

荷出 翠　[第13章]

平安女学院大学子ども教育学部助教

口村 淳　[第14章]

岡山県立大学保健福祉学部現代福祉学科准教授

吉弘 淳一　[第15章]

福井県立大学教育福祉学部社会福祉学科教授

攻撃的なクライエントへの対応

対人援助職の安全対策ガイド

2023 年 1 月 9 日　初版第 1 刷発行

著　者	ポーリン・ビビー
監訳者	清水　隆則
発行者	大江　道雅
発行所	株式会社　明石書店
	〒 101-0021
	東京都千代田区外神田 6-9-5
	TEL 03-5818-1171
	FAX 03-5818-1174
	https://www.akashi.co.jp/
	振替 00100-7-24505

装丁：金子　裕
組版：朝日メディアインターナショナル株式会社
印刷・製本：モリモト印刷株式会社

ISBN 978-4-7503-5510-8

英国の貧困児童家庭の福祉政策
"Sure Start" の実践と評価

ジェイ・ベルスキー、ジャクリーン・バーンズ、エドワード・メルシュ 編著
清水隆則 監訳

■A5判／並製／232頁 ◎2800円

Sure Start（シュア・スタート）は、英国における子どもの貧困と社会的排除を撲滅することを目的とし、貧困地域に住む就学前の子どもとその親を対象とする早期介入施策である。本書はその実践の経緯と評価をまとめたものである。

困窮者に伴走する家庭経済ソーシャルワーク
フランス「社会・家庭経済アドバイザー」の理念と実務
フランソワ・アバレア ほか著　佐藤順子監訳　小野あけみ訳
◎3000円

女性移住者の生活困難と多文化ソーシャルワーク
母国と日本を往還するライフストーリーをたどる
南野奈津子著
◎3800円

子ども虐待 保護から早期支援への転換
児童家庭ソーシャルワーカーの質的向上をめざして
アイリーン・ムンロー著　増沢高監訳　小川紫保子訳
◎2800円

ソーシャルワークの方法論的可能性
「実践の科学化」の確立を目指して
衣笠一茂著
◎3600円

ソーシャルワーク実践のためのカルチュラルコンピテンス
宗教・信仰の違いを乗り越える
シーラ・ファーネス、フィリップ・ギリガン著　陳麗婷監訳
◎3500円

現代イギリスの児童虐待防止とソーシャルワーク
新労働党政権下の子ども社会投資と児童社会サービス改革・虐待死亡事件を検証する
フレデリック・G・リーマー著　福祉哲学研究所協力　秋山智久監訳
田邉泰美著
◎3000円

ソーシャルワークの哲学的基盤
理論・思想・価値・倫理
フレデリック・G・リーマー著　秋山智久監訳
◎6300円

子ども虐待対応における保護者との協働関係の構築
家族と支援者へのインタビューから学ぶ実践モデル
鈴木浩之著
◎4600円

〈価格は本体価格です〉

援助を求めないクライエントへの対応

虐待・DV・非行に走る人の心を開く

クリス・トロッター 著

清水隆則 監訳

■A5判／並製／248頁 ◎2800円

オーストラリアでの虐待や保護観察現場での研究結果を基に、自発的に援助を求めないクライエントへの効果的な援助方法を、具体的・総合的にまとめたもの。現場のワーカー、社会福祉・司法・教育関係の研究者や学生必読の一著。

トランスジェンダー問題 議論は正義のために

ショーン・フェイ著
高井ゆと里訳 清水晶子解説

◎2000円

ペアレント・ネイション 親と保育者だけに子育てを押しつけない社会のつくり方

ダナ・サスキンド著 掛札逸美訳

◎1800円

社会関係資本 現代社会の人脈・信頼・コミュニティ

ジョン・フィールド著
佐藤智子、西塚孝平、松本奈々子訳 矢野裕俊解説

◎2400円

低所得層家族の生活と教育戦略 収縮する日本型大衆社会の周縁に生きる

生活困難層の教育社会学：大規模公営団地継続調査・第2巻
山田哲也監修 松田洋介、小澤浩明編著

◎3600円

地域福祉と包括的支援システム 基本的な視座と先進的取り組み

宮城孝、日本地域福祉学会 地域福祉と包括的相談・支援システム研究プロジェクト編著

◎3500円

住民力 超高齢社会を生き抜く地域のチカラ

宮城孝著

◎1800円

無意識のバイアス 人はなぜ人種差別をするのか

ジェニファー・エバーハート著
山岡希美訳 高史明解説

◎2600円

日常生活に埋め込まれたマイクロアグレッション 人種、ジェンダー、性的指向：マイノリティに向けられる無意識の差別

デラルド・ウィン・スー著 マイクロアグレッション研究会訳

◎3500円

〈価格は本体価格です〉